危機に立つ日本

JAPAN ON THE VERGE OF CRISIS

国難打破から 未来創造へ

幸福の科学グループ創始者 兼 総裁
大川隆法
RYUHO OKAWA

まえがき

私たちは、目には見えぬ、何か大きな時代の逆流現象と戦っている。それがはっきりと見えてくるには、そして、歴史家の目に映《えい》ずるには、少なくとも、あと十年の歳月が必要かもしれない。

伝統的な意味における「救世主《きゅうせいしゅ》」（メシア）には、政治的リーダーとしての意味合いも含まれる。宗教は、大学の神学部や宗教学科から発生したものではない。それは天命《てんめい》が下った「世直し運動」そのものである。国民の耳には痛くとも、正しい未来のための警鐘《けいしょう》を鳴らし続けるのが宗教家としての使命である。

私には特定の政治家や政党への恨《うら》みもなければ、利害関係もない。ただこの国をタイタニックのように沈めたくはない、国民を不幸にはしたくない、という思いあるのみである。

二〇一〇年三月　大悟二十九周年に

幸福《こうふく》の科学《かがく》グループ創始者兼総裁《そうししゃけんそうさい》　大川隆法《おおかわりゅうほう》

危機に立つ日本　目次

第1章　国難選挙と逆転思考

4　幸福実現党の選挙戦を振《ふ》り返る　48

第2章　危機の中の経営

第3章　危機に立つ日本

第4章　日本沈没《ちんぼつ》を防ぐために

第5章　世を照らす光となれ

第1章

国難選挙と逆転思考

1　国難そのものは、まだ避《さ》けられていない

鳩山《はとやま》政権に対して、どのような態度で臨むか

「鳩山《はとやま》政権の発足」に当たって、私の考えを述べることにします。

アメリカのマスコミには、「新政権の発足後、百日間は、どのようになるか見守る」という〝百日ルール〟があります。私も、新政権に対して、最初から否定的に決め付けるのはやめたいとは思っています。

今後、鳩山政権が、どのように諸問題に対応していくのか、ある程度、その動向を見守り、「是々非々《ぜぜひひ》」で考えていきたいと思います。

「良い政策を採り、実行した場合には、それはそれで、きちんと評価し、間違《まちが》っている政策、あるいは、よろしくないと思われる政策を採った場合には、きちんと

批判をする。そのような態度で臨み、ある程度、全体的な結論が出た段階で、それなりの態度を決める」というスタイルでいきたいと考えています。そのほうがフェア（公平）であろうと思います。

私が創立した幸福実現党は、選挙戦においては、他《た》の政党と敵・味方のようになって戦ったこともあります。選挙そのものは民主主義のなかでの〝ゲーム〟であるため、選挙戦が終わるまでの間は、リングの上で戦うようなかたちになるのは当然かとは思いますが、試合が終わったら、お互《たが》いに健闘《けんとう》をたたえ合うのは一つのルールではあります。

選挙に勝って政権を取ったところについては、いちおう祝福の思いは持っていますし、「ぜひ頑張《がんば》っていただきたい」という気持ちも持っています。

ただ、今後の見通しも含《ふく》めて、私なりの考えを述べておきます。

幸福実現党の活動は、北朝鮮《きたちょうせん》に対して一定の効果をあげた

幸福実現党は、「国難選挙」と銘《めい》打って、先の衆議院議員選挙を戦いましたが、国難の実体そのものは、まだ消えているわけではありません。

もちろん、「新政権が、今後、どのように柔軟《じゅうなん》な対応をしていくか」によっては、影響《えいきょう》が出てくることはあるでしょうし、「私どもが、選挙期間中に、いろいろと述べたことを、どの程度、彼《かれ》らが聞き入れるか」ということでも影響が出てくるでしょう。そのへんは見極《きわ》めなければいけないと思います。

国難そのものは、まだ避《さ》けられていませんが、ただ、幸福実現党の活動によって、多少の影響は出ており、すでに、成果、効果として出ているものはあると思っています。

その一つは、北朝鮮《きたちょうせん》の問題です。

選挙戦を戦ったあと、幸福実現党は、幸福の科学の信者などから、「ところで、

北朝鮮のミサイルは、どうなったのですか」と訊《き》かれることがよくあるそうですが、北朝鮮は、昨年（二〇〇九年）八月の半ばを過ぎたあたりから、一時、とても弱気になりました。ごそごそと、対話などの融和的《ゆうわてき》な政策を模索《もさく》し始めたのです。

　この背景には、もちろん、韓国《かんこく》の大統領が強硬《きょうこう》姿勢を取り、ロケットを打ち上げたりしたこともあります。

　そして、驚《おどろ》くことに、日本も、九月に新型ロケットの実験機を打ち上げました。新聞は論評していませんでしたが、あれは、「こちらも、ミサイルで攻撃《こうげき》できないことはないんだよ」ということを、いちおう意思表示したことを意味しています。

　また、前政権の末期においては、「パトリオットミサイル『ＰＡＣ《パック》－３《スリー》』を全国に拡大配備する」という方針を、防衛省では決めていました。（その後《ご》、新政権が予算を削《けず》ってしまいましたが。）

　さらには、「日本に今、何か強硬なことを言う政党が出てきているので、選挙期間中にミサイルを撃《う》ち、その影響で、そこが政権を取ったら大変なことになる」と思って、動けなかったのかもしれません。

一方、アメリカのほうでも、オバマ大統領は、いろいろなことを言っていますが、軍のほうは、きちんと北朝鮮対策を進めていて、北朝鮮への爆撃《ばくげき》が可能なように、ステルス戦闘機Ｆ22をグアムに集結させています。

このように、米軍、そして、日本と韓国とが、ある程度、「北朝鮮の暴走は許さない」という態度を示したため、若干、時間稼《かせ》ぎもあると思いますが、北朝鮮にとっては、単に「ミサイルを撃ち放題」というような状態でなくなってきたのは事実です。

幸福実現党は、選挙運動でかなり硬派な活動をしましたが、「そういう勢力が出てきて、国論を煽《あお》っている」というようなニュースは、金正日《キムジョンイル》などの耳にも入ったと思います。彼らにとっては、日本が防衛を真剣《しんけん》に考えることが、いちばん恐《おそ》ろしいことだろうと思うので、その意味では、選挙の結果は別として、幸福実現党の活動が一定の効果をあげた面はあるでしょう。

ただ、「その成果が、今後、新政権によって、どのように左右されるか」ということは、まだ何とも言えないところではあります。

「ばらまき」型の経済政策は長く続かない

幸福実現党は、国防問題だけでなく、景気問題、そして、「日本社会は、今後、人口の高齢化《こうれいか》に、どのように対応すべきか」という問題にも取り組んでいます。これは、新政権も取り組まなければいけない課題であり、この問題は、まだ解決されていません。新政権が、この問題とどう取り組み、どう解決を図《はか》るかは、「お手並み拝見」ということになるだろうと思います。

日本の民主党が政権を取れたのは、鳩山首相自身が言っていたように、おそらく、アメリカで民主党が“change《チェンジ》”という言葉を掲《かか》げて政権を取れたことの効果でしょう。あの「オバマ効果」がかなり影響したのは事実です。日本でも民主党が「政権交代」を掲げて政権を取ったわけです。

「オバマ効果」自体は、アメリカのほうでは、今、やや陰《かげ》りを見せていて、オバマ大統領への支持と不支持が半々ぐらいになってきています。アメリカでのオバマ人気が、今後、ますます下がるようであれば、それが、日本のほうにも連動してくることは間違いないでしょう。

オバマ大統領は、“change”を掲げていたので、多くの点で、ブッシュ前大統領のやったこととの反対のことをしています。鳩山首相も、「政権交代」を言って政権を取りましたが、政策の中身がなく、基本的には、麻生《あそう》前首相のやったことの反対のことをやろうとするでしょう。

ただ、この政権には、いろいろな考え方の人たちが集まっているので、自分の思ったようにはならないかもしれません。そういう面はあります。

特に、ここ数年、アメリカの不況《ふきょう》から始まって、世界的に経済的なダメージがかなり出ており、失業者が増えています。そのため、世間全体がやや左傾化《さけいか》し、労働組合的なものの考え方、つまり「雇用《こよう》を守る」という考えが強く出てきています。

時代背景的に見ると、そういうものが強くなってくるのは、現時点では、確かに、ある程度やむをえないかと思います。

しかし、経済問題等の解決方法として、要するに、「単に、補助金風に、お金をばらまき、解決していく」ということだけであれば、長く続かないのも事実であり、やはり、別な方法をつくり上げなければいけないと考えます。

2　オバマ大統領は〝危険領域〟に入りつつある

アメリカの「世界最強」の部分を否定したオバマ大統領

昨年九月、オバマ大統領は、アメリカの金融《きんゆう》の心臓部であるウォールストリートで、ややファナティック（熱狂的《ねっきょうてき》）な演説をしました。

私は、それ以前にも、オバマ大統領が、ムッソリーニの演説によく似た演説をしているのを見たことがあります。そのことを説法のなかで指摘《してき》したところ、アメリカの信者の一部から少し反発もありましたが、今回の演説も少し気にはなったのです。

彼《かれ》は、アメリカの心臓部であるウォールストリートを、かなり攻撃《こうげき》していましたが、基本的に、「アメリカン・ドリーム的なものの考え方は間違《まちが》いである」と考えているようです。「ウォールストリートで一攫《いっかく》千金型の儲《もう》け方をするのは、間違いである」という考え方が入っているような印象を受けたのです。

このことは、結局、彼が、アメリカの民主党のなかで、「極左」「左翼《さよく》のなかの左翼」と言われていることとも関係があるでしょう。彼は、ある意味で、ウォールストリートの機能を十分に理解しておらず、それを正しく評価していないのではないかと思われます。アメリカ最強の部分を否定しているところがあります。

しかし、サブプライムローンで一度失敗したからといって、それで、ウォールストリート全部を否定することには、やはり、早計《そうけい》な部分はあるだろうと思うのです。

アメリカが最強なのは、この金融の分野と、もう一つは軍事の分野です。オバマ大統領には、アメリカの世界最強の部分を、両方とも否定しにかかっているところがあります。

軍事のところで問題になるのは、もちろん、予算だと思います。アメリカは軍事予算が年に六十兆円もあり、これを削《けず》るのが財政再建にとっては最も楽なので、「平和を、平和を」と言って、軍事予算を削り、財政を良くしようとしているのでしょう。

しかし、「アメリカ最強の部分を削りに入っている」ということと、「アメリカという国が持っている、世界に対するミッション（使命）そのものを、放棄《ほうき》しにかかっている」ということは事実です。

そのため、オバマ大統領には、今、「暗殺を狙《ねら》われている」という噂《うわさ》がかなり出回っています。オバマ暗殺用の〝いい兵器〟が売れているそうです。

「ウォールストリートあたりを狙い撃《う》ちにした時点で、そろそろ危険地域に入ってきたかな。危険なところに踏《ふ》み込《こ》んできたかな」と思います。ユダヤ資本のあたりを攻《せ》め始めると、政権はだいたい終わりになってくるのです。歴代の大統領でも、暗殺されている人がかなりいますが、彼も、そろそろ危険地帯に踏み込んできたと思います。

オバマ大統領の政策は「アメリカのジャパナイゼーション」

オバマ大統領がやっていること自体は、私が『日本の繁栄《はんえい》は、絶対に揺《ゆ》るがない』や『知的青春のすすめ』（共に幸福の科学出版刊）で述べたように、やはり、「アメリカのジャパナイゼーション（日本化）」です。それを目指しているとしか思えません。

彼は、日本ではすでに破綻《はたん》しかかってきている、各種保険や年金の仕組みをつくろうとしたりしていますが、これに対して、アメリカの国内では、「自由が死ぬ」という理由で、かなり批判が出ています。

アメリカという国は、各種の保険などは個人の判断で加入することになっており、「国家が強制的に行う」というスタイルをあまり好まない面があります。

自由というものを突《つ》き詰《つ》めていくと、何兆円もの個人財産をつくるところから、野垂れ死にするところまで、どちらにも行く可能性があります。一方、平等のほうを極端にすると、誰《だれ》もが平準化《へいじゅんか》され、努力しようがしまいが同じ状態になるか、あるいは、「国がすべて面倒《めんどう》を見る」というようなスタイルになります。

このように、自由と平等には両方の極端があり、折々に緩《ゆる》めたり強めたりしながら調整をしていかなければならないのですが、オバマ政権下のアメリカは、かつて日本が行《おこな》ったことのほうに向かっていると思います。

以前、月刊「ザ・リバティ」（幸福の科学出版刊）で、「オバマ大統領の過去世《かこぜ》は、スペインに滅《ほろ》ぼされたインカ帝国《ていこく》の最後の王や、アメリカインディアンの酋長《しゅうちょう》などである」ということが紹介《しょうかい》されていました。そういう人が現代のアメリカに生まれ変わったとしたら考えそうなことを、やはり、彼は考えているようです。

そのため、彼には、アメリカという国自身が持っている「帝国主義的なものの考え方」を好きでないところが、ある程度あるのでしょう。

そういうことで、オバマ大統領は、アメリカ最強の部分を否定しにきていますが、やや危険領域に入ってきているように私には見えます。

3 多くの難題を抱《かか》える鳩山《はとやま》政権

アメリカや中国との外交で漂流《ひょうりゅう》する鳩山《はとやま》首相

日本では、冒頭《ぼうとう》で述べたとおり、民主党を中心とする鳩山《はとやま》政権が、昨年九月に発足しました。

この政権にとっての難題は幾《いく》つかありますが、外交の問題が真っ先に来ます。

まず、「北朝鮮《きたちょうせん》、中国、アメリカとの関係を、どうしていくのか」という問題があります。

特に、鳩山首相は、「東アジア共同体」構想を打ち出していますが、どのように実現するつもりでしょうか。これについては、おそらく、大きな問題があります。「アメリカから自立し、自主外交を行う」というようなことを言っていますが、それは、私から見ると、「中国寄りの政策を採るだろう」と推定されます。

しかし、肝心《かんじん》の中国は、まだ、鳩山首相ほど子供っぽくは考えていません。「『日本がアメリカから自立する』ということは、『日本が独自に核《かく》武装をして国を守る』ということである」と理解しており、十分に警戒《けいかい》をしているのです。「それ以外に考えられない」というわけです。

「『アメリカから離《はな》れ、アメリカの核の傘《かさ》を出て、自主独立していく』ということは、『独力で国を守れるようにする』ということである」と考えるのが当たり前なのです。中国には、まだ、そう考えている節《ふし》があります。

そのため、中国のほうは、「日本の外交路線は大きく変わらないだろう」とは思いつも、鳩山政権のあり方に諸手《もろて》を挙げて賛成というわけではなく、「日本が、どう動いてくるのか」ということについて、まだ安心し切っているような状態ではないのです。

数十年前、アメリカが中国との国交を回復するに当たって、ニクソン大統領の補《ほ》佐官《さかん》だったキッシンジャー氏が中国側と交渉《こうしょう》を行い、米中関係を築いたわけですが、そのときに、彼《かれ》は、「日米安保条約で日本を縛《しば》り、アメリカの核の傘の下に置くことによって、日本の核武装化を防ぐ」というような話で中国を説得したようです。

そのため、中国は、「もし、日米安保条約がなくなると、日本は何をするか分からない」と考えていて、まだ安心し切っているわけではないのです。

ただ、私の推定では、鳩山首相は、おそらく、そこまで考えていないでしょう。いろいろな状況《じょうきょう》を見ながら、フローティングというか、漂流《ひょうりゅう》するのではないかと思います。

彼は、中国やアメリカに対して、どのように臨むつもりなのでしょうか。「対等な関係」のような感じで、中国ともアメリカとも等距離《とうきょり》を取るのでしょうか。あるいは、「東アジア共同体をつくる。中国や日本などで、ＥＵのようなものをつくる」ということを、本当にやるつもりなのでしょうか。そのとき、それは、いったい、どんなかたちになるのでしょうか。アメリカの影響力《えいきょうりょく》を後退させて、そういうものをつくった場合、いったい、どうなるのでしょうか。

いろいろと憶測《おくそく》は飛ぶところです。

ただ、一般的《いっぱんてき》に言って、鳩山政権下の日本が全体的には「左」に寄っていくことは確実でしょう。おそらく、そうなるであろうと思います。

ちなみに、台湾《たいわん》も、中国に寄ってきています。台湾では、昨年九月、独立派である前総統の陳水扁《ちんすいへん》氏等に、収賄《しゅうわい》などの罪で無期懲役《ちょうえき》が言い渡《わた》されました。かなり政治的な判断が出ています。

台湾では、近年、親中派のほうが政権を取りましたが、独立派の前総統が逮捕され、刑務所《けいむしょ》から出られない状態になったということは、要するに、彼を刑務所から出したら、選挙で政権を引っ繰《く》り返されるおそれがあるからでしょう。

これは、中国にとっては、「今、台湾が取れる状況になろうとしている」ということです。

私が「国難が来るかもしれない」と言っている筋書きのほうに近いことが、現実には起きていると思います。

したがって、外交面では、あまり楽観視はできません。

しかも、菅直人《かんなおと》氏が国家戦略担当大臣（当時）として編成にかかわった二〇一〇年度予算案でも、防衛関係や公共事業の予算が削《けず》られ、福祉関係が増やされました。防衛関係までもが削られてきており、私たちが警告している方向へと、次第しだいに流れてきています。

正しいことを言っても、選挙では勝てなかった幸福実現党

みなさんに知っていただきたいことは、「幸福実現党は、選挙で成果を出せなか

ったが、『選挙で勝てなかった』ということと、『言っていることが間違《まちが》っていたかどうか』ということは別である」ということです。

正しいことを言っても、選挙では勝てないこともありますが、それは、「あとになって、正しいことに気がつくことが現実には多い」ということです。だいたい、そうなのです。

例えば、宗教的な面では、預言者というものは、ある出来事などについて、現実に起きていない段階で発言することが多くあります。そのため、迫害《はくがい》されることは、歴史上、いくらでもありました。

日蓮《にちれん》も、「元寇《げんこう》」の予言をしても、それが実際に起きて認められたのは、彼が身《み》延山《のぶさん》に隠棲《いんせい》してからあとです。日蓮としては、事実上、もう布教活動が終わったあとだったのです。預言者は、かなり早い段階でものを言うので、現実と合わず、弾《だん》圧《あつ》されることがあるのです。

大本教《おおもときょう》もそうです。出口王仁三郎《でぐちおにさぶろう》が「火の雨が降る」と予言したのは大正《たいしょう》時代です。火の雨は実際に降りました。ところが、それは二十年以上あとだったのです。大正時代に降ったわけではありません。二十年以上あとに起こる東京大空襲《だいくうしゅう》のことなどを、太平洋戦争が始まる前から予言していたわけです。

しかし、それが早すぎたため、大本教は戦前・戦中に弾圧されました。戦後も、一時期、弾圧は続き、そのあと解放されましたが、教勢を元に戻《もど》すことはできませんでした。また、三代目あたりも、かなり拷問《ごうもん》を受け、廃人《はいじん》状態というか、発狂《はっきょう》状態にまでなったようです。

したがって、「言っていることが正しいから認められるとは限らない」ということは知っていなければいけません。「そういう事実を知った上で、この世のなかを上手に漕《こ》ぎ渡っていかなければならない」という面はあると思います。

専制国家・中国への対策を、責任を持って考えよ

日本は、外交に関して、非常に危険な面をまだまだ持っていると思いますが、現

在ただいまの、アメリカと日本と韓国《かんこく》の戦力から見れば、金正日《キムジョンイル》の計画が簡単に成功するようには思えません。ただ、今後どのようになるかは、政権の動きを見ないと分からないところがあります。

しかし、これについては、前述したように、幸福実現党の活動によって、一定の成果はあがったと見てよいでしょう。もっとも、数多くの得票にはつながりませんでしたし、実際には、票を減らした可能性はかなり高いと私は思っています。

幸福実現党は、右翼《うよく》が尊敬するような内容もかなり言っていました。「右翼の街宣車が来て止まり、幸福実現党の街宣を拝聴《はいちょう》している」という状態もあったようです。

右翼の街宣も、票が多く取れるようなものではありません。その右翼が尊敬するような内容の街宣をかなりしたので、ある意味で、票を減らしたかもしれません。

しかし、迎合《げいごう》はせずに、言うべきことを言ったので、一定の影響を与《あた》えたとは思います。

例えば、昨年八月に、防衛省ではパトリオットミサイルの追加配備を決めましたが、それと同じ時期には、日本のヘリ空母、ヘリコプター搭載護衛艦《とうさいごえいかん》「いせ」が進水《しんすい》しました。それは、二百メートルぐらいある、かなり大きいものですが、いちおう、「ヘリ空母ができた」ということが報道されていました。これは原子力潜水艦《せんすいかん》対策です。日本近海にも、これから、中国の原潜がウヨウヨし始めるので、ヘリ空母を持っていることは大事だろうと思います。

やはり、次の対策が必要です。中国が空母部隊をつくろうとしているときに、ただただ平和を説くわけにはいかないのです。

もちろん、それは、「戦争をする」という意味ではありません。「あくまでも、防衛の範囲《はんい》内で、国として当然考えるべきことは、それを考える立場の人が考えてくれないと困る」ということです。

国防は、一般庶民《しょみん》にとっては、どうすることもできないので、しかるべき立場にある人が、責任を持って考えなくてはならないのです。

もし、民主党政権において、その点で完全に穴があいていくようであれば、再度、言論等にて、かなり指摘しなければいけないと考えています。

ただ、誤解しないでいただきたいことがあります。私は、「中国を敵視し、敵対関係に入って戦争をしたい」という考えを持っているわけではありません。

中国は、十三億の人口がある大きな国であり、無視しがたい国です。しかも、日本の近隣国《きんりんこく》なので、友好関係にあれば、もちろん言うことはありません。できれば、その方向に持っていきたいと思います。

今、アメリカの不況によって、経済的にも中国シフトがかなり起きているので、中国の影響力は今後も増すでしょう。

現在、日本と中国とは、経済的に緊密《きんみつ》な関係にありますが、政治的にも、節《せつ》を曲げることなく、ある程度、友好な関係に持っていけるのであれば、それは良いことであると私は思っています。

その意味で、「単なる武力にて、相手に言うことをきかせる」ということではなく、対話等ができるのであれば、もちろん、そのほうがよろしいでしょう。

ただ、客観的に見て、「中国は、まだ十分に自由主義化した国ではない」と考えています。まだ、専制国家的な面がかなり強くあります。「中国には、今のような中途半端《ちゅうとはんぱ》な立場ではなく、自由化、民主化がきっちりと実現している国に早くなっていただきたいものだ」と思います。

中国との関係については、それほど単純な問題ではないと考えてください。

新政権の経済政策では、構造不況《ふきょう》に入る可能性が高い

新政権の経済政策等は、八ッ場《やんば》ダムの建設中止から始まっていますが、公共事業、要するにコンクリート系のものは、予算をどんどん削っていき、社会福祉のほうに回すかたちになっています。

一九九〇年代から、ゼネコンの倒産《とうさん》は、かなり懸念《けねん》されていましたが、この心配がまた出てくると思います。ゼネコンで働いている人の数は百万人単位なので、失

業者対策という意味で、ゼネコンはそうとう役立っています。今後、公共事業を削《さく》減《げん》することで失業者が増えないかどうか、目を離してはいけないと思います。

さらに、「この公共事業の削減と、子育て支援《しえん》や教育無償化《むしょうか》などとでは、経済効果の面で見て、どちらが効果的なのか」についても、十分に検証しなければならないでしょう。

「家計を直接に支援する」ということには、短期的な効果は、おそらくあるだろうとは思います。ただ、「公共事業の予算を大幅《おおはば》にカットし、その分を家計の支援に回す」というかたちは、長期的には、どうなるでしょうか。

はっきり言えば、「再び構造不況《ふきょう》に入っていく可能性が極《きわ》めて高い」と推定します。そして、さまざまな公共事業が何年も遅《おく》れたあとで、また政権交代のようなことが起きる可能性もあります。

例えば、八ッ場ダムのように、すでに七割も完成していて、あと三割という段階で中止したら、どうなるでしょうか。しかも、町全体が、その工事にかかわっているような状態で、それで生計を立てている人もいるのですから、工事を中止すれば、補償金をたくさん払《はら》わなくてはいけません。「結果的には損をするのではないか」とも言われ、批判されています。

このような状況であるので、新政権の経済政策に関しては、私は注視しています。

さらに、人口政策の面では、人口のピラミッドを、きっちりとつくり直すことが大事ですが、民主党のいう教育補助や子育て支援だけで、十分に間に合うかどうかは分かりません。少しは効果があると思いますが、まだ〝実験中〟であり、「最終的にそれで済むかどうか」というと、やはり疑問は残ります。

幸福実現党は政策を十分に訴《うった》え切れなかったことが課題

一方、幸福実現党では移民政策を訴《うった》えています。移民を嫌《いや》がる人が多いので、票につながらない政策であることは十分に知っていますが、取り上げているのです。

右翼は、国防の強化について言うと喜びますが、移民の受け入れを訴えると完全に嫌がります。彼らは、やはり純粋《じゅんすい》主義でいきたいと考えているので、移民政策を訴えると、彼らの票が取れないのです。

また、「消費税をゼロにする」と言うと、左翼は、どちらかといえば、心情的にはうれしく感じるのですが、国防の強化を言うと、急に左翼の票が取れなくなるわけです。

このように、幸福実現党は、右翼か左翼か、分からないようなことを言っている〝変な政党〟なので、国民にとっては、票を入れてよいのかどうか分からないような印象を受けたかもしれません。そういうスッキリしないところがあったのかもしれないと思います。新聞で言えば、「朝日から産経までの各紙が、機嫌《きげん》よく平気で幸福の科学出版の書籍《しょせき》広告を出している」ということと似たようなところがあるかもしれません。

しかし、幸福の科学あるいは幸福実現党の基本的態度は、やはり、「何かが好き」というよりは、「是々非々《ぜぜひひ》」で見るということなのです。

もう一つ、幸福実現党が国民に十分に訴え切れなかった点は、財政再建問題のところと、「景気を良くする」という景気対策のところです。

ここをもう少し政策的に練り込《こ》み、「景気を良くしつつ、財政再建をする」ということを、もっと明快に分かるかたちで訴え、説得できなければいけなかったのではないかと思います。これは課題として残っています。

民主党は「会社の利益」の意義を分かっているのか

民主主義の病弊《びょうへい》として、「〝ばらまき政策〟を訴えたところが選挙では勝つ」ということがあります。この病弊を乗り越《こ》えるのは、なかなか大変なことであり、民主主義の国では、これによって財政赤字が必ず生じてくるのです。

民主党政権は、少なくとも四年間は消費税を上げないと言っていますが、おそらく、今の税率では済まなくなり、必ず増税路線になるはずです。これに関しては、今、「何か新しい手を発明しなければいけない」と私は思っています。

しかも、民主党政権と経団連等との関係は、かなり冷めているので、経団連は、今、非常に困っているようです。

民主党のほうでは、経団連について、「要するに、利益目的の団体である」という言い方をしています。これは、もう、ほとんど「マルクス史観」に近く、労働者の立場に立っているような見方です。

しかし、そうはいっても、基本的には、「企業《きぎょう》が発展する」ということは、「雇用《こよう》を生む」ということでしょうし、「会社が利益を生む」ということは、「雇用を維持《いじ》でき、そこで働いている人の生活が良くなる。昇進《しょうしん》のチャンスが増える」ということなのです。

つまり、失業対策が大事な時期に入ってくると、やはり、「企業が元気になる」ということが必要なのです。

利益について、経営学者のドラッカーは、「利益を目の敵《かたき》にする人がいるが、利益は、どんな人が経営をしても必要である。天使が地上に舞《ま》い降りて経営者になったとしても、利益は必要なのだ。それは、維持・発展のためのコストとして、どうしても企業には要《い》るものである。天使が経営者になったとしても、やはり、利益は追求せざるをえないだろう」と言っています。

利益の部分がなければ、企業体を維持し、発展させることはできません。利益が出ていないのに、労働組合が賃上げだけを要求したら、「会社が潰《つぶ》れる」「倒産する」という結果になるのです。

鳩山首相は、ドラッカーの著作を、おそらく読んでいないだろうと思いますが、もし「経団連即《そく》悪」のように考えているとしたら、このへんは少し啓蒙《けいもう》をしていかなくてはならないでしょう。

それは、オバマ大統領についても言えます。彼は、ウォールストリートで行《おこな》った講演で、アメリカの大企業幹部の報酬《ほうしゅう》の多さを批判していました。

もちろん、あちらの報酬の取り方には、半端でないところもあるので、事情は日本と同じではないかもしれません。

アメリカは、大企業の幹部がボーナスを五十億円も百億円も取るような国ですが、日本では、そのようなことは実現したことがありません。したがって、話が全然違うのです。アメリカでは、五十億円や百億円のボーナスを、「今年は儲《もう》かったから当然である」と言って、一期で取ってしまうので、オバマ大統領は、それを批判していたのです。

また、「株で、兆単位のお金を儲け、億万長者ではなく、兆単位の大金持ちになる」というようなことも、日本では考えられないことです。

その意味で、彼の批判には当たっている面もあると思いますが、そこに、富を憎《にく》んでいるような面が出てくるのであれば、少し危険であると思っています。

話を日本に戻すと、日本には、社会主義の国なのか資本主義の国なのか分からないほど、その両面を持っているところがありますが、単に「左」に揺《ゆ》れすぎると、実は、労働者の雇用も守れなくなっていきます。そのことは知っておいたほうがよいでしょう。

「日本の経営者は、戦後、いたって優秀《ゆうしゅう》であった」と私は考えています。ただ、今後、経団連系の各企業が非常に冷え込んでいくような状況になったとして、それが、「企業が政治と〝談合〟をして、独占的《どくせんてき》な利益を守れるようなシステムになっているところを、破壊《はかい》するために必要なのだ」ということであれば、それには一定の効果があるかもしれません。

「利益を独占していたような企業に代わって、ほかの企業等が、もっと良い仕事をしてくれ、日本経済を引っ張ってくれる」ということになるなら、経団連と距離を取るという判断も悪くないかと思います。

しかし、「企業の発展自体が悪である」というような思想が日本に蔓延《まんえん》するのであれば、これも危険であると思います。

教員免許更新制《めんきょこうしんせい》の廃止《はいし》で、「ゆとり教育」に戻《もど》るのか

教育に関しては、日教組の〝ドン〟が民主党内で重要な立場にいるため、鳩山政

権は、安倍《あべ》政権時代に導入を決めた「教員免許《めんきょ》を十年ごとに更新《こうしん》する」という制度を、あっという間に変更し、「いったん免許を取れば、永久に持てる」というようなかたちに戻《もど》そうとしています。

こうすると安定感が出るので、「教員志望者が二十パーセント増えた」とも言われており、すぐに影響が出ているようです。教員は、不況に強い職業に戻ろうとしています。

もちろん、制度の変更によって、教師が良い教育をするようになれば結構なことだと思いますが、怠《なま》け者を数多くつくる結果になるようであれば困ります。

ちなみに、私の長女は、「教員免許を取ろうか」と思ったところ、学校のほうから、「十年ごとに講習を受けて、免許の更新をしなくてはならないので、よく考えてからにしなさい」と言われたため、「それだと、免許はあっても現役の教員をやっていない人の場合は、更新のときの負担が大きいだろう」というような理由で、早々《はやばや》と、教職の単位を取らないコースに進みました。

ところが、新政権の下《もと》で方針が変わったため、「えっ、また、いったん取ったら、一生、資格を持てるようになるの？　それは、ずるい」と言っていました。この変更が、良いほうに出るかどうか。これについても注目したいと思います。もし、成果があがらず、「ゆとり教育」型にユーターンしていくのであれば、やはり、言論で戦わなければいけないと考えています。幸福実現党のほうも、言うべきことは言わなければいけないでしょう。

4 幸福実現党の選挙戦を振《ふ》り返る

幸福実現党の考え方自体が駄目《だめ》だったわけではない

幸福実現党は先の選挙で成果があがらなかったので、幸福の科学の教団内部にも、やや、残念に思う声もあるでしょう。また、「宗教が政治に関与《かんよ》すること、それ自体が悪である」という思想が、マスコミ的にはけっこう流れているので、それに引っ張られる向きもあろうかとは思います。

しかし、前述したように、国民の生命・安全を守るための国防政策を訴《うった》えたこと、また、「景気を良くするため、何かに取り組みたい」「高度な福祉《ふくし》社会が来るに当たって、その高齢《こうれい》時代に対応する考え方を何かつくらなくてはいけない。未来のビジョンを何かつくらなければいけない」ということを考え、それを目指して活動したこと自体については、何ら恥《は》じることはないと私は思っています。

「そうしたことに関して、一定の主張をした」ということは、当会自体が、ある程度の段階まで来たことを意味しています。「国に対して、意見を持ち、発言し、さらに、その一部については、自分たちで実行したいと思う段階までは来たのだ」と考えます。

マニュアルとしての選挙戦術では行き届かなかった面はあると思いますが、「幸福実現党の政治的な考え方自体が、すべて駄目《だめ》だったわけでは決してない」と思ってください。

今の選挙制度では、「小選挙区で〝死んだ〟人がゾンビのように比例区でよみがえる」ということが、既成《きせい》政党のほうでは比較的《ひかくてき》容易にできて、新しい政党では、なかなかできないような仕組みになっています。比例区の得票数を、単純に比例配分すれば、幸福実現党も、先の衆院選で、三議席ぐらいは取れた計算になるそうです。

このように、既成政党のほうに非常に有利な仕組みが多く、参入障壁《しょうへき》がそうとうあるので、新しい政党にとって、難易度は、かなり高いと言えます。

また、宗教が政治の世界に入っていくことによって、今まで教団に付いていた信者のなかで、距離《きょり》を取って離れていく者も、一部、出てくることはあるだろうと思います。

ただ、それでも、「教団として一定の段階まで来て、何らかの考えを示さなくてはいけないときが来ているのだ」ということは、やはり、考えるべきでしょう。それは、やむをえないことかと思います。

幸福実現党の主張は、新政権への批判に使われている

実際に選挙戦を戦ってみて、よく分かったことは、「教団の名を出さずに、既成の政党から立候補している人を陰《かげ》から応援《おうえん》するかたちになると、非常に大きな効果を出せるが、自前の候補者を立て、宗教がつくった政治団体ということで投票依頼《いらい》をすると、それほどの効果は出ない」ということです。

もし、「自民党なり民主党なりを、幸福の科学という名を出さないで応援する」というかたちで戦った場合には、おそらく、もっと票は取れたでしょう。ただ、このことは、ある程度、受け入れなくてはいけないと思います。

例えば、ロケットを打ち上げるときに、「失敗するかもしれない」とだけ思っていたら、打ち上げることは永遠にできません。一発目からパーンと上がることもありますが、やはり、何度かは、途中《とちゅう》で事故が起きたりして失敗するものです。

そのたびに、ショックを受けたり、批判をたくさん浴びたりすることもありましょうが、「改良し、考え直して、もう一度トライしていく」ということが大事なのではないでしょうか。

「幸福の科学が、幸福実現党という政党までつくってチャレンジしたことを、どう考えるか」ということと、「今、世間および大手のマスコミ等が、新政権に対して、期待しつつも、不安を感じて、じっと見ている」というような状況《じょうきょう》とは、「対《つい》」になっている感じがします。

「幸福実現党なるものをつくって、宗教が政治に進出したことは、是《ぜ》か非か」ということに対しては、「この新政権がどうなるか。幸福の科学が言っていたことが当たっていたのかどうか」を見てから、判断しようとしているように思えるのです。

そのため、当会は、「極端《きょくたん》な批判は受けていないが、極端に称賛《しょうさん》もされていない」という状況です。

しかし、新政権への批判の材料として、幸福実現党が言っていたことの一部が使われ始めていることは事実です。

「国のため、世界のため」のチャレンジを恥《は》じることはない

やはり、何事も進化していかなければなりません。当会は、選挙において素人《しろうと》であったと思いますが、いつまでも素人であってよいわけではないでしょう。手堅《てがた》く成功させていく面もなければいけないはずです。

教団全体としては、いろいろな事業を展開しているので、それとの整合性も見て、バランスを取りながら、推《お》し進められる面は推し進めていけばよいと思います。

ただ、忘れてはいけないことがあります。

今、創価学会が、公明党をつくり政治活動をしていますが、創価学会の信者たちは、すでに五十数年も選挙活動をしているので、いろいろとスキルがあるのは当然です。しかし、そういうところでも、先の衆院選では、小選挙区で全面敗北していました。また、日本共産党は戦前から活動していますが、そこも小選挙区で全面敗北

しています。

そのように、現在の選挙制度は、かなり厳しい制度であることは事実です。これを突破《とっぱ》していくには、そうとうな努力が要《い》ります。智慧《ちえ》を加えていかなければなりませんし、他党との関係においても、どのような関係をつくるか、これから研究していかなければならないとは思っています。

「新しい時代に、新しいものが出てくる」というのは、いつの時代にもあることです。そして、新しいものとして出たあと、失敗して終わりになる場合もあるでしょうが、継続《けいぞく》していって成功に至る場合もあるのです。

私は、幸福の科学が政治に進出したことによって、失ったものもあるかとは思いますが、得たものも大きいと考えています。

今、公明党を持っている創価学会以外には、宗教団体で、具体的に名前を出して政治に挑《いど》めるところはありません。現に、今、大教団と言われている十大教団ぐらいが選挙を戦ったとしても、おそらく、当会以上の実績は出せないはずです。

テレビや新聞等のマスコミも、「ほかの教団が選挙を戦ったとしても、幸福の科学以上に行くわけではない」ということは分かっているでしょう。

そういう意味で、「幸福の科学に一定の勢力がある」ということは認識しているわけです。そのため、当会を、むげには批判できないでいるのです。

ただ、「戦い方や政策の練り込《こ》み等については、まだまだ努力の余地はあったのではないか」と言えるでしょう。

夢や志がなくなったら、やはり、人間は終わりです。

チャレンジしなければ傷つきませんが、チャレンジするかぎり、傷つくことはあると思います。しかし、「動機において、この国のため、世界のため、国民のためにと考え、少しでも良い方向に持っていこうとして、チャレンジしているのであれば、恥《は》じることは何もない」と考えています。

学ぶべきものは学んで、また立ち上がれ

新政権に対して、週刊誌レベルでは、もう批判はかなり出てはいますが、そういう批判は、おそらく、このまま新政権の成果と連動してくるだろうと思います。その間《かん》、当会への批判も露骨《ろこつ》にはできないでいるわけです。先が読めないので、何も言えないでいます。

今、自民党の党本部には職員が百八十人ぐらいいるそうですが、衆議院で二百議席近く減らしたため、職員のリストラが、まず給与削減《さくげん》として始まっています。

しかし、当会は、選挙で勝ちはしませんでしたが、職員のリストラは始まっておらず、逆に採用が増えています。教団の体力は、まだまだあると言えます。

ただ、当会は、衆院選後も、映画「仏陀再誕《ぶっださいたん》」を公開し、幸福の科学学園を設立しましたし、全国各地や海外に多くの支部を展開しているので、そうとう、コングロマリットというか、複合的な経営になっており、運営は難しくなっています。

そのため、経営担当者を、もう一段、養成しないと、運営はますます困難を極めるかもしれません。やはり、それぞれの部門で智慧を磨《みが》き、独自で推《お》し進めていけるような戦い方をしていかなければならないと思っています。

当会は、いろいろなことを同時並行で行っているため、運営がとても難しいのです。宗教や政治のほうで評価されず、経済界で表彰《ひょうしょう》されたりするかもしれないぐらい、いろいろなことを行っています。

「国難選挙」を戦って一定の成果はあげつつも、選挙自体に勝つことはできませんでしたが、われわれには、もともと、成功からも失敗からも教訓を学んで成長していく、「常勝思考」という教えもあります。きちんと学ぶべきものは学び、また立ち上がる団体なのです。今回は、単純な成功よりも学ぶものは多いと思っています。

先の衆院選については、世間の一般的《いっぱんてき》な目から見れば、「今は二大政党制になっているので、自民党から政権交代するなら、まずは民主党にやらせよう。民主党にやらせてみて、できるかどうかを見てから、幸福実現党に政権運営ができるかどうか、その吟味《ぎんみ》に入りたい」と考えるのが普通《ふつう》であったかとは思います。世間からは、少し焦《あせ》っているように見えたかもしれません。

今後、「民主党も、やはり駄目であり、自民党には、まだ人気が戻《もど》らない」ということになれば、幸福実現党に期待感が出てくることがないとは言えません。

その日に備えて、力を付けていかなければならないと思います。

根本に戻れば、やはり、宗教の王道としての伝道をきっちりと行い、もっともっと、本格的な信者を増やしておくことが、何事においても勝つ道であると考えています。

第2章

危機の中の経営

1 社会主義化する日本

これから厳しい時代が来る

昨年（二〇〇九年）十一月、私は、一昨年の『経営入門』（幸福の科学出版刊）に続いて、『社長学入門』（同）という経営書を出しました。そこで、本章では、経営者や社長族のみならず、もう少しターゲットを広げて、ビジネスパーソンや経営幹部等も対象に、この『社長学入門』の序章に当たるような話をしたいと思います。

同書の「まえがき」「あとがき」には、非常に厳しいことが書いてあります。

「まえがき」では、「まことに、まことに、経営者にとっては厳しい時代がやってくるだろう。再び乱気流時代に突入《とつにゅう》である。私は主として、個人としての努力や、企業家《きぎょうか》の持つ英雄《えいゆう》的資質が花開くことをいつも願っている。しかしこれからの十年は、あたかも鳴門《なると》の渦潮《うずしお》の中に引き込《こ》まれる木《こ》の葉舟《はぶね》のように、情熱もあり、才能もある企業家が、時代の渦潮の中にのみ込まれていく姿を数多く傍観《ぼうかん》しなくてはならない悲しみに耐《た》えねばならないだろう。民意が不幸の未来を選んだ以上、民《たみ》の苦しみは自業自得《じごうじとく》ともいえよう。時代はこの国を『全体主義的社会主義』の流れに引きずり込んでいくだろう。政治体制そのものが、国の没落《ぼつらく》を目指す時、社長は、自らの持つ『真剣《しんけん》』に、毎日手入れを怠《おこた》らないことだ」とあり、「これから非常に厳しい時代が来る」という警告をしています。

この『社長学入門』が発刊された時点では、そういう厳しい状況《じょうきょう》は、まだそれほど明確には出てきていませんでした。国民の多くは、「これから、良くなるのではないか。二〇一〇年以降の四年間、もしかしたら、バラ色の未来が開けるのではないか」と、まだ期待していたのではないかと思います。

しかし、私は、この本の原稿《げんこう》ができた段階で、「そうではない」ということをすでに述べているわけです。〝不幸の予言〟をして、まことに申し訳なく思いますが、私には普通《ふつう》の人が見えないものが見えるのです。それをあらかじめ知っていれば、〝穴〟に落ちずに済むこともあると思います。

さらに「あとがき」には、「自らに厳しくあれ。脇《わき》を引きしめよ。無駄《むだ》な経費は削《けず》れ。しかし、それでも、会社は生き残れまい。どうやって、これからの『鳩山《はとやま》・小沢《おざわ》十年不況』から抜《ぬ》け出すか。私の頭はそのことに集中している。社会主義体制下の自由経済は、刑務所《けいむしょ》の中の営業の自由と同じで、あってなきが如《ごと》しである。ただ、いえることは、逆風下でも前進するヨットのように一筋の『商機』に『勝機』を見出し、高付加価値企業を練り上げることだ。遅《おそ》くはなろうとも人々は、間違《まちが》いに気がつき、真のリーダーを発見するだろう。苦難を勝利に変えるべく、努力せよ」と書いてあります。

「まえがき」「あとがき」の両方とも、非常に厳しい言葉で綴《つづ》られています。「民意が選んだ結果について、反作用が来る」という予告です。

江戸《えど》時代へと逆行する〝革命〟が起きた

鳩山政権発足当初の時点では、日本国民の七十パーセント以上は、「何か新しい時代が始まる」ということを期待していました。そして、政権交代が起きたことについて、「一種の革命が起きた」というような受け止め方をした人も多かったでしょう。

そのとおりです。革命は起きました。ただ、方向の違う革命が起きたのです。すなわち、「江戸《えど》時代から明治《めいじ》時代へ」という革命ではなく、「明治から江戸へ」と向かっていく革命が、今回、起きたのです。「坂の上の雲」を目指して日本人が駆《か》け上《のぼ》っていった明治以降の流れや、その戦いの歴史とは逆方向に向かう革命です。これが、今後に起きる事態です。

ただ、その〝革命〟を推《お》し進めている本人たちも、また、それを見守っている国民たちも、まだそのことに十分に気づいてはいません。

具体的に出てきているものとしては、例えば、八ッ場《やんば》ダムを中心とした、ダム建設中止の動きがあります。全国で百四十三カ所あるダム建設計画をすべて見直すなどと言ったりしています。

それから、鳩山首相は、二〇〇九年九月の国連演説において、「世界に先駆けて、二〇二〇年までに、CO_2の排出《はいしゅつ》を一九九〇年比で二十五パーセント削減《さくげん》することを目指す」ということを述べて、拍手《はくしゅ》を受けていました。

ただ、その拍手のなかに隠《かく》されている意味を、彼《かれ》自身は十分に気づいていないのではないかと思われます。

他《た》の先進国の人たちは、「経済の優等生であった日本が、自ら崖《がけ》から飛び降りようとする行為《こうい》だ」ということを知っているのに、言っている本人には、それが分かっていないわけです。

昔、「江戸の三大改革」といわれるものがありました。「享保《きょうほう》の改革」「寛政《かんせい》の改革」「天保《てんぽう》の改革」という三つの改革ですが、要するに、鳩山政権はあれをやろうとしているわけです。「明治から江戸へ」という逆の流れが起きていると述べましたが、見ていると、やろうとしていることは、まさしくあれなのです。

したがって、鳩山政権は、まず、ケチケチ運動から始まって、国費の〝無駄〟を削ろうとするでしょう。江戸時代で言えば、「木綿《もめん》の服に着替《きが》え、贅沢《ぜいたく》部門を廃止《はいし》する」という感じに、おそらくなっていくでしょう。鳩山首相の頭の中にあるものは、そういうことであり、江戸の三大改革のようなことをやろうとしていると思われます。

経営の本質を知らない鳩山《はとやま》内閣

歴史家は、そういう江戸の三大改革を高く評価することが多いのですが、それらの時代は、実際には景気が悪くなり、人々の生活が苦しくなった時代でした。

逆に、文化・文政時代は、景気も非常によく、いろいろな文化が繁栄《はんえい》した時代であったのですが、お上《かみ》のほうは、「享楽《きょうらく》と堕落《だらく》の時代」という捉《とら》え方をして、「とにかく、質素倹約《けんやく》をして締《し》め上げる」ということをしました。そういう改革を行った人は立派な政治家として名前が遺《のこ》っているわけです。

鳩山《はとやま》政権も、おそらく、そのような方向に向かっていくだろうと考えられます。実際に、鳩山内閣は「箱物行政」を批判していますが、ダム建設の見直しから始まって、目に付いた巨大《きょだい》な建造物系統については、だいたい建設反対のほうに回っています。

のみならず、麻生《あそう》前首相が売りにしていた「アニメの殿堂《でんどう》」についても、中止すると言っています。ハード産業だけでなく、日本が誇《ほこ》るソフト産業の部分をも、批判し、否定しようとしているのです。

これは、例えば、「歌舞伎《かぶき》や美人画などが流行《はや》る時代は、よくない時代だ」と言うのと同じようなことです。民《みん》が非常に力を持ち、経営努力をしているときに、「そういうものはけしからん。サムライの文化を穢《けが》すものだ。武士の本道に戻《もど》らなければいけない」と言うような考え方です。

鳩山内閣のトップ層の頭のなかにあるものは、そういう考えであり、広がりがありません。基本的に、「経営の本質を知らない」と私は見ています。

鳩山内閣の発足時、財務大臣のポストに、八十歳《さい》近い高齢《こうれい》の藤井裕久《ふじいひろひさ》氏を据《す》えました。政界を引退しようとしていた人を引き戻して、いちばん重要なところに据えたわけなので、残りの人がどれほど頼《たよ》りないかが分かります。

おそらく、鳩山内閣は、最終的には、麻生前首相と同じように、巨大な財政出動を行うことになるはずです。それをしなければ、もたなくなります。まず不況《ふきょう》をつくってから、財政出動が行われると思いますが、そのときには、すでに手遅《ておく》れになっている可能性が極めて高いでしょう。

麻生前首相が二〇〇九年に行《おこな》ったさまざまな財政出動は、緊急であったので個別に見れば甘《あま》い面はありましたが、「不況を止める」、あるいは「恐慌《きょうこう》を止める」という意味では非常に効果があったものでした。乱暴ではありましたが、「大きな金額をボンと出す」というのは効果があったのです。

ところが、鳩山内閣は、日本を江戸時代の倹約令のような世界に戻そうとしています。これでは、残念ながら、国民が貧乏《びんぼう》になる方向へと向かっていくことになるでしょう。

日本で社会主義化の流れが進んでいる

それから、日本の失業率も、表に出ている数字は五パーセントぐらいかもしれませんが、潜在的《せんざいてき》には、いわゆる企業内失業者、役所内失業者等を、かなり抱《かか》えているはずです。そのような潜在的失業者も含《ふく》めると、おそらく一千万人以上はいると思われます。

それだけの数の人たちが、「友愛」に反して、失業者としてたたき出され、絞《しぼ》り出されていく可能性が極めて高いのです。「友愛」といっても、企業が経営危機になった場合には、クビ切りをせざるをえなくなります。

現在、進んでいるのは、実は、社会主義化の流れなのです。鳩山内閣は、「ワーキングプアが増えている」「非正規雇用《こよう》の人が苦しんでいる」などと言って、一時間当たりの最低賃金を引き上げ、できるだけ千円に近づけようとしています。

そういう底上げをすることは、非常に優《やさ》しくて、良いことのように思うかもしれませんが、賃金が上がれば、企業は人を採用しなくなるだけのことです。企業に雇用を義務付けることなどできません。賃金が高ければ人を雇《やと》わなくなるので、失業者は減らないでしょう。

それだけでなく、おそらく、所得が上のほうの人たちの収入も下がってくるはずなので、「所得のフラット化」、いわば〝お好み焼き化〟〝クレープ化〟のようなものが、これから起きてきます。今後数年の間に、上下がギューッと締まってくると思われます。

また、鳩山首相が乗り越《こ》えなければいけないものに、ＪＡＬ《ジャル》の問題もあります。「大幅《おおはば》に人員を削減する」という話もすでに出ています。

しかし、私が二〇〇九年三月に海外巡錫《じゅんしゃく》でシドニーへ行ったとき、ＪＡＬの便に乗ったのですが、日本人のCA（キャビン・アテンダント）はすでに一人しかいませんでした。タイ人のCAを子会社で安く雇って働かせていましたが、さらに合理化が始まるのでしょう。詳《くわ》しく確認はしていませんが、「JALの社長の年収は、すでに一千万円以下に下げられている」という話もあります。これから、人件費の削減から大量解雇へと向かっていくだろうと思われます。

JALは、元は半国営企業であり、鳩山首相がこうした企業を救うのかどうかという点は一つの見どころです。今のところ、産業再生支援機構が支援に入るかたちになりましたが、鳩山首相には、それほどの愛国心はないと思われるので、おそらく、あるがままの流れに任せていくのではないかと思います。

もっと怖《こわ》いのは、ダム建設の中止から始まって、新たな公共投資がほとんど止まってくる可能性が高いため、ゼネコン系の倒産《とうさん》が出てくることです。

ゼネコン系企業は、一九九〇年代後半に倒産しそうになったことがあるのですが、それを食い止めたのは、当時、大蔵大臣であった故・宮澤喜一《みやざわきいち》氏でした。元首相の宮澤氏が大蔵大臣として戻ってきて、財政出動をしてゼネコン系の倒産を食い止めたのです。彼は、首相時代にはあまり良い仕事をしませんでしたが、大蔵大臣としてカムバックしたときには、少し頑張《がんば》って景気の回復を行いました。

今、かなり大きな不況を起こす要因が迫《せま》ってきています。ソフト産業系についても否定する傾向《けいこう》が出てきているので、日本の生き筋としては、かなり厳しいことになるのではないかと思います。

「東アジア共同体」で日本経済は急降下する

さらに鳩山首相は、「東アジア共同体をつくりたい」などということを言っていますが、今のアジアの国々の所得レベルから見て、本当に東アジアで〝友愛社会〟をつくったならば、日本はほとんどお金の持ち出しになっていくはずです。

前述した日本国内での「所得のフラット化」と同じように、「日本の国民所得が非常に下がることで、ほかの国の底上げをする」という、国際社会における所得の

〝クレープ化〟が起きてくるだろうと思われます。

いずれにしても、見通しは厳しいのです。おそらく、鳩山首相は、「将来的には、このようにしたほうがよいのだ」というような言い方をするだろうと推定しますが、ただ、その状況から脱出《だっしゅつ》するのは至難の業《わざ》だろうと考えます。

東アジアの国々との友愛というのが、「日本のイニシアチブによって、東アジアの国々から若くて優秀《ゆうしゅう》な人たちを日本に呼び寄せ、戦力に変えていく」という意味であれば、それは日本にとっても、良いことです。

しかし、今の東アジアのレベルで、ＥＵのようなものをつくったら、どうなるでしょうか。ＥＵというのは、いちおう先進国の集まりであり、そういう先進国の連合体をつくることによって、アメリカ経済や日本経済に対抗《たいこう》しようとしたものです。

ところが、今の東アジアのレベルで、そういう連合体をつくったならば、それは、東西ドイツが一つになったときに、西ドイツが悲鳴を上げ、震え上がったのと同じ状況になるでしょう。あるいは、南北朝鮮《ちょうせん》が一緒《いっしょ》になったら、韓国《かんこく》は、しばらくは悲鳴を上げると予想されますが、「東アジア共同体」をつくると、それと似たことが起きるだろうと思います。

鳩山首相は、おそらく、自信満々に、その方向へ行こうとするでしょうが、結局は投げ出して、誰《だれ》かが後始末をしなければいけなくなるはずです。少なくとも、日本の急降下を止める仕事が発生するだろうと思います。

もし、政権内部に柔軟《じゅうなん》な頭を持っている人がいれば、方針の切り替《か》えを進言するだろうとは思います。

ただ、最近の政治の世界では、「ブレるか、ブレないか」ということが唯一《ゆいいつ》の基準のようになっていて、「マニフェストからブレた」とか、「最初の方針からブレた」とか言われると、すぐに退陣《たいじん》要求につながりかねないところがあります。

そのため、意固地になって、なかなか方針を変えないだろうと思います。理系頭脳的に、決めたことをそのまま直線的にやっていこうとするでしょうから、おそらく大変なことが起きるだろうと思います。

2 「自由」をいかにして守るか

個人の努力だけでは道が拓《ひら》けない場合もある

それでは、こうした経営環境《かんきょう》のなかで、経営者や経営幹部、ビジネスパーソンたちは、どのようにして生き延びていけばよいのでしょうか。

幸福の科学では、主として、「個人の努力・精進等によって道が拓《ひら》ける」「企業《きぎょう》においても経営者の努力によって、まだまだ道が拓ける」という教えを説いて、励《はげ》ましてはいるのですが、国家レベルなどの大きな枠組《わくぐ》みで、社会の体制自体が一気に変わるようなときというのは、非常に厳しいものがあり、これには「例外がない」とは言えないのです。

例えば、先の大戦前に、ドイツに住んでいたユダヤ人がいたとしたら、ナチスが台頭してきた段階で国から逃《に》げ出さないかぎり、その後《ご》の生き筋はなかったはずです。

いち早く危険を見抜《みぬ》いて国から脱出《だっしゅつ》する以外に生き延びる方法はなく、「命に危険が及《およ》ぶようなことはないだろう。ナチスも、そこまで徹底《てってい》したことはしないだろう」と甘《あま》く見ていた人たちは、みな、この世から去っているはずです。いち早く危険を知り、国外脱出を図《はか》った人のみが生き延びただろうと思います。

このように、国レベルで、暴力という強制力を持った大きな変化が起きるときというのは、一個人や一企業の力だけでは抗《あらが》いがたく、運命に翻弄《ほんろう》されることになります。たとえ、アンネ・フランクが光の天使であったとしても、日記を遺《のこ》すぐらいが精いっぱいであって、体制を変えるだけの力はありません。

ただ、そのような場合でも、賢《かしこ》い人は、やはりいるものです。ピーター・ドラッカーは、処女作を発表したころからヒトラー政権の先行きを見抜いていました。彼《かれ》は、ドイツでナチスが第五党派ぐらいだったころから、「ヒトラーが天下を取ると危ない」ということをすでに見抜いていて、その後、論文で警鐘《けいしょう》を鳴らし、いち早くロンドンに逃げています。賢いといえば、非常に賢い人でしょう。

企業《きぎょう》を全体主義への防波堤《ぼうはてい》にしようと考えたドラッカー

ドラッカーは、そういう全体主義の姿を見て、第二次大戦が終わったあと、「全体主義の台頭による世界戦争を再び起こさないためには、どうすればよいのか」ということを考えました。「やはり、個人の力だけでは、いかんともしがたい」ということで、全体主義を防ぐ、システム的な方法として、「マネジメント」という世界を開いたのです。

つまり、「個人」と「国家」との間に、「企業《きぎょう》」というものを介在《かいざい》させることを考えたわけです。大きな企業になると、一定の政治力や経済力を持ちますし、国家に代わって、失業対策もできれば、いろいろな工事もできます。また、圧力団体として政治的に力を持つこともできます。

そのように、企業を育て、企業に力を持たせることによって、個人と国家の間に一種の防波堤《ぼうはてい》をつくることを考えたのです。企業自体は民主的経営が可能なので、それによって、全体主義が二度と起きないような社会をつくろうとしたわけです。

さらに、その企業についても、ドラッカーは、「一個人であるカリスマ経営者が大きな企業をつくることもあるが、そういうカリスマに頼《たよ》ってはいけない」と言っています。「天賦《てんぷ》の才能、カリスマ的な才能だけで、一代で大財閥《だいざいばつ》をつくるような企業家もいるが、当たり外れがあるし、そうした人はまれにしか出てこないので、そういうものに頼ってはいけない」ということです。

そして、ドラッカーは、知識や情報のレベル、あるいは技術のレベルで、マネジメントというものを体系的に学び、企業家が次々と会社を起こしていけるようにしようと努力したのです。

その方向に則ってやれば、一定の規模の企業をつくることができます。企業家は、決してカリスマである必要はないわけです。さすがに凡人《ぼんじん》とは言えないかもしれませんが、努力する優秀《ゆうしゅう》な人がいれば、経営者を次々と輩出《はいしゅつ》していき、大きな企業をつくっていけるのです。そして、経営者を交代させることもできます。

それが、全体主義が起きるのを防ぐ力になるのです。企業は、自分たちの利害に基づいて行動し、将来的に、自分たちが経営的につまずいたり不幸になったりすることを防ごうとして公共的な動きをします。

したがって、ドラッカーは、「企業こそが個人と国家との間の〝緩衝材《かんしょうざい》〟として十分に成り立つだろう」と考え、第二次大戦のようなものを二度と起こさないための方法の一つとして、マネジメントの世界を開拓《かいたく》したのです。

しかし、「企業よりも、やはり政治のほうが強いのだ」ということで、政治の側が、法律をつくることによって、企業に対して一定の圧力をかけ、方向性を固めたり、禁止事項《じこう》を数多くつくったりしたら、企業の自由は死んでいきます。そうなると、経済学者のシュンペーターが言う「英雄的《えいゆう》企業家」は出てこないことになります。

そして、プロレタリア文学の『蟹工船《かにこうせん》』のようなものを引き合いに出し、「貧しい労働者のことを考えれば、企業家が、あまり高い地位に就いたり、高い収入を得たりすることは、けしからん」というような言論が支配的になってくると、企業家精神そのもの、資本主義の精神そのものが死んでいく可能性が高いのです。

「参謀《さんぼう》」としての官僚《かんりょう》を否定するのはナチスと同じ

一方で、鳩山《はとやま》内閣は、官僚《かんりょう》の仕事も否定しています。しかし、官僚組織というのは、ある意味での「参謀《さんぼう》組織」なのです。官僚は専門知識を持った参謀であるので、彼《かれ》らの意見を聴いて政治に取り入れることが必要であり、素人《しろうと》の考えでやると失敗することが数多くあります。

参謀としての官僚を使いこなせずに政治を行った場合、例えば、「国家戦略局なるものをつくり、そこが政治の方向をすべて決める」ということになったならば、ますますナチスに似てきます。

当時のドイツでは、「ドイツ参謀本部」が軍人として非常なエリート集団だったのですが、ヒトラー自身は、軍人としてはエリートではありませんでした。ヒトラーは、第一次大戦のときには、自ら一兵卒《いっぺいそつ》として、雨のなかで塹壕《ざんごう》を走り回ったり、撃《う》たれて怪我《けが》をしたりしながら戦っていました。

彼は、元は画家志望でしたが、画家としては成功しなかった人です。つまり、貧《びん》乏《ぼう》な画家の卵だったわけです。

それで、政権を取ったあと、ヒトラーは、エリートである参謀本部を見返してやりたくて、いつも参謀本部の意見と正反対のことをやったのです。最初のころは、たまたま成功したので、「どうだ、俺《おれ》は天才だろう」という感じでやっていたのですが、だんだん戦線が拡大してき始めると、うまくいかなくなってきました。あちこちの戦局について一人で指導できるような人はいないのです。

一八〇〇年代初期に参謀本部ができてから、ドイツは戦争で負けたことがほとんどなかったのですが、このドイツが誇る参謀本部をヒトラーは否定し、自分が仕切ろうとしたのです。要するに、ナポレオンの時代に逆戻《ぎゃくもど》りです。

ナポレオンの時代、フランス軍はナポレオンがいる所では絶対に負けなかったのですが、攻《せ》め込《こ》んだ国の数が、あまりにも多すぎました。ヨーロッパ全体を相手にし始めたら、もう何が何だか分からなくなったのです。

確かに、フランス軍は、ナポレオンのいる戦場では負けませんでしたが、ナポレオンがいない所では負けたのです。そして、最後はフランス自体の負けになりました。

こうしたナポレオンという天才が出てきたために、ドイツでは参謀本部をつくり、天才とは言えないにしても、秀才軍団が専門的な研究をすることで、軍事的に勝てるような制度をつくっていったのです。

このドイツが誇る参謀本部を、事実上、無力化してしまったのがナチスでした。ヒトラーの独裁下、彼の親衛隊が、「ヒトラーの言うことをきかない者は、どんどん捕《つか》まえて、抑圧《よくあつ》する」ということをしていたのです。

ちなみに、このヒトラーについて、松下幸之助《こうのすけ》は、「ヒトラーは途中《とちゅう》までは成功していた」ということを認めています。

経営者の目から見て、「ヒトラーは、第一次大戦後の廃墟《はいきょ》の状態から二十年間で、再び戦争ができるところまでドイツの国力を回復させた。この力自体はそうとうなものである。ただ、敵にした相手国があまりに多すぎた。一国ぐらいならともかく、ヨーロッパ全体を敵に回して戦い始めたために、やはり〝経営能力〟を超《こ》えたのだろう」ということを松下幸之助は言っています。

ある意味で、それは当たっているでしょう。しだいに見えなくなってきたところはあると思います。

過去には、そういうことがあったわけです。今回の政権交代は一種の革命であったとは思いますが、ある種の怖《こわ》さを裏に秘めていると私は感じています。

社会主義的な国家になると「自由」が死ぬ

現在の世界について、「自由主義陣営《じんえい》」対「共産主義陣営」あるいは「社会主義陣営」という捉《とら》え方がなされていますが、第二次大戦当時は、共産主義のソ連も、ある種の全体主義国家であったのです。そして、そのソ連を敵視し、最後はソ連と戦うことになったドイツやイタリアも、結局は、社会主義の独裁国家、全体主義国家でした。

毛色は違《ちが》うものの、全体主義国家同士のぶつかり合いであったことは確かです。両者では共に独裁的な指導がなされていて、反対者は、抑圧され、強制収容所に送られて、最後は、ガス室送り、シベリア送り、あるいは銃殺《じゅうさつ》などになりました。

「強制収容所が存在し、憲兵隊や秘密警察のようなものがあり、内部告発によって反対者を捕まえていく」というようなことは、最近まで、中国や、その他《た》の社会主義国ではよくありました。

今、私が恐《おそ》れていることは、「自由が死ぬ」ということです。前回の衆院選のときに、最後の街宣でも、「今、自由を守る政党は幸福実現党だけである」ということを私は訴《うった》えたのですが、国家社会主義的になってくると、そのなかでの自由というのは、前述した『社長学入門』の「あとがき」にあるとおり、「社会主義体制下の自由経済は、刑務所《けいむしょ》の中の営業の自由と同じで、あってなきが如《ごと》しである」ということになります。

最終的には、国家がすべて決めるので、配給制のような自由しかありません。「配給制であっても、そのなかで自由に商売はできるのですよ」というようなことを、いくら言われても、自由にできないものはできないのです。

さらに、もし経済が悪くなったときに、鳩山首相は、きちんと反省をするかといえば、その逆で、言い訳を考えるだろうと思います。おそらく、〝悪人〟を探し出すでしょう。現に、「官僚が悪人だ」ということを言い始めています。最初は官僚を悪人にし、それで済まなくなったら、次の悪人を探し始めるでしょう。

次の悪人はどこにいるかといえば、それは公益法人だと思います。「公益法人が税金をきちんと納めずに金儲《かねもう》けをしているために、この国は、こんなに貧しくなったのだ」と、公益法人の改革を言い出し、そして、その本丸である宗教法人へと駒《こま》を進めてくるかもしれません。

このように、社会がうまくいかない原因を自分たちに求めるのではなく、とにかく〝悪人〟をつくって、何かほかのもののせいにしようとするでしょう。しかし、実際は自分たちの考え方に問題があるのです。

3　理性主義による政治の危険性

理系的な「理性万能」の考え方は危険である

特に、鳩山《はとやま》首相の問題点は、「受験的には秀才《しゅうさい》であるが、頭が理系的すぎる」ということです。それも、大学院で博士号を取るほどの徹底《てってい》した理系なので、国家の経営をするには非常に危険なタイプだと思います。

こういう人は、「物事は、すべて理性的に判断できるものだ」と考える傾向《けいこう》がとても強いのです。そのため、理屈《りくつ》どおりにいかないと気が済まないのですが、人間社会というのは、いろいろな人たちの意欲や考え方、感性など、さまざまなものが複雑に混ざって出来上がっていくので、計算どおりにピシッとはいかないものなのです。

この理性によって起きた革命が、あの「フランス革命」です。当時は、理性万能の時代であり、「理性こそがすべてだ」というような考えが強く出ていました。その理性に基づいて行われた革命がフランス革命なのです。

そのときに、「自由・平等・博愛」という思想が打ち出されたのですが、鳩山首相の言う「友愛革命」の「友愛」は、この博愛、フラタニティ（fraternity）に当たるものだと彼自身が言っています。

このフランス革命について、私は、いまだに怖《こわ》いものを感じています。革命政府は、ギロチン台にどんどん人を送って殺していきましたが、それは、ある意味で非常に理性的だったのだと思います。

国民に一定の線引きをして善人と悪人とに分け、その基準に引《ひ》っ掛《か》かった人は悪人だということで、情状酌量《じょうじょうしゃくりょう》をせずに処分していったのでしょう。それはロシア革命においても同様でした。「王族や大地主などは、みな悪人である」ということで、射殺されていったのです。

それから、ポル・ポト政権下のカンボジアでは、インテリを中心に二百万人ぐらいが殺されました。外国に留学した経験のある人などは、みな殺されたのです。「支配者階級より賢《かしこ》い人間の存在は許せない」ということです。外国のことをいろいろ知っていると、政府の批判をするので、インテリを殺し、言うことをおとなしくきく人間だけにしたわけです。そういうことが実際に起きています。

このように、社会主義には理性主義が含《ふく》まれています。社会主義そのものは理性的なものであり、「理性でもって、世の中をすべて動かせる」と思っているのが社会主義なのです。

安保世代の怨念《おんねん》が最後の輝《かがや》きを放とうとしている

日本のエリートたちは、この思想にずいぶん惹《ひ》かれたのです。「エリートである自分たちが、理性でもって世の中を動かせば、社会をより良くできる」と考えたわけです。

頭の良いエリートたちからすると、アダム・スミス型の自由放任経済など、まったく原始的に見えるでしょう。「自由にやらせて、放っておいたほうが、世の中がよくなる」などというのは、考えられません。「もし、それが正しいのであれば、何の努力も要らないではないか」ということです。それなら、秀才は必要がないことになります。

彼《かれ》らは、「『放っておいたほうがうまくいく』などということはありえない。やはり、一部の賢いエリートたちが、きちんとデザインを描《えが》いて、そのとおりにやらせれば、世の中はうまくいくのだ」と考えたのです。これが社会主義です。

日本でも、過去、エリートの多くが安保闘争《とうそう》などの左翼的《さよくてき》な運動に引き込《こ》まれていきましたが、その理由は私にはよく分かります。おそらく、「自分たちが世の中を動かせる」ということに対する、強い優越感《ゆうえつかん》と、理想、ロマンがあったのだろうと思います。

「団塊《だんかい》の世代」と言われている安保世代の人たちは、ちょうど、今、引退期に入ってきているわけですが、政界や経済界の一部では、まだ、その世代の人たちが実権を持っています。

こういう人たちが、ノスタルジックに、「安保闘争時代にやり損《そこ》ねたことを、今、実現したい」と思っているような印象を、私は少し受けています。

要するに、理性による国家建設、ユートピアの実現です。幸福の科学が説いているものとは少し違《ちが》う意味での、「理性による国家建設からのユートピア実現」のようなことを考えていて、「若いころの夢を、もう一度」という気持ちを持っているように感じるのです。

彼らは、「安保闘争で敗れはしたけれども、もう少しで国を倒《たお》せたのだ」と思っていて、納得していないものがあるのです。

今、アメリカの国力が衰退《すいたい》し、日米関係を切ろうと思えば切れる可能性のある時代が到来《とうらい》しており、「日本はアメリカからの自立を目指す」「アジアだけでまとまることにする」というようなことを言えそうな感じになってきています。実は、これは安保世代の人たちがやりたかったことなのです。

「アメリカは悪いことをたくさんしている。朝鮮《ちょうせん》戦争で多くの人を殺し、ベトナム戦争を起こして、たくさん人を殺した。その後《ご》も戦争をやりまくっている。イラクでもやったし、アフガニスタンでもやった。どこまで人殺しをするのか」と彼らは考えています。「アメリカは悪《あ》しき帝国《ていこく》主義であり、日本がそのアメリカと同盟を結んだのは間違いだ」というのが安保世代の主張です。

革命を起こす寸前で敗れた怨念《おんねん》が、四十年、五十年の時空を超《こ》えて、今、最後の輝《かがや》きを放とうとしているのです。その当時に学生だった人たちは、今、六十歳《さい》から七十歳ぐらいで、日本社会の中心にまだ残っています。政界や経済界、マスコミ界のドンたちのなかに、実はまだ根強く残っているのです。

したがって、「鳩山首相が理性主義政治のようなものを礼讃《らいさん》し始めたら、怖いものがある」と私は思っています。

各人の智慧《ちえ》や才覚を最大に発揮することで、経済は花開く

実際の「生身の人間」というのは、日々の精進《しょうじん》によって変わっていくものですし、相手の存在というものもあります。例えば、商売というのは相手があって成り立つものです。貿易も相手があって成り立つものです。

「自分としては、理性的に考えて、この値段以外にない」といくら言っても、相手が値切ってきたときには、交渉《こうしょう》によって値段は変わってきます。

メーカーの生産部から、「この値段以外で売ってはいけない」といくら言われても、第三次産業である商業の世界では、同業他社もあれば、顧客《こきゃく》もいるので、どうしても売りたければ、五十パーセントオフや三十パーセントオフの値段を付けなければいけないときもあるのです。

そのように、今の経済においても、感性の世界は、まだ十分に生きていて、理性どおりにはいかないのです。

なぜアダム・スミスのレッセフェールが肯定《こうてい》されるのかというと、それは、「ただ放任する」ということではなかったからです。「各人の持っている、いろいろな智慧や才覚を、全身全霊《ぜんしんぜんれい》で最大に発揮することを通して、経済は花開く」という思想であったのです。

後追い型で経済を統計化することは可能ではありますが、事前に国家が計画し、十カ年計画、二十カ年計画、三十カ年計画というようなかたちで、線引きできるようなものではありません。

それが、ある程度、成功したのは、旧ソ連が重化学工業化を推進し、国力を上げた時代です。計画どおりにいっていたときには、一時期、アメリカを抜《ぬ》いたように見えた時代もありました。しかし、その後、ソ連邦《れんぽう》は崩壊《ほうかい》し、実態はひどいものであったことがかなり分かってきました。

旧ソ連では、完全に生産者サイドのものの考え方をしていて、需要者《じゅよう》側、消費者側のニーズを考えていませんでした。食品などが不足し、店先にはいつも行列ができていました。必要なものが必要なだけつくられていないため、すぐに品物が売り切れてしまっていたのです。中央のほうで決めた数量だけをつくるので、需要と供給が合っていなかったわけです。

これは「敗れた経済」なのですが、それがまた復活してこようとしています。

今の段階では、まだ、そうは思われていないでしょう。鳩山の「ハト」というイメージから、「平和主義で、非常にリベラルな考えを持っている。アメリカとは一定の距離《きょり》を取り、十三億の人口がある中国と仲良くなって、アジア全体の経済圏《けいざいけん》をつくってEUのようになっていく。そういう夢のある、理想的な素晴らしい未来が、もうすぐやってくるだろう」というように考えて、おそらく、マスコミも国民も、しばらく夢を見させられるだろうと思います。

しかし、その先にあるものは「地獄《じごく》」です。

なぜなら、考え方の根本において、自由主義的な資本主義経済を理解していないからです。これを鳩山由紀夫氏も小沢一郎《おざわいちろう》氏も理解していないと私は思います。まったく分かっていないので、非常に怖いのです。

彼らには、「理性主義的に、頭で考えて経済を動かせる」と思っているところがあります。特に鳩山氏の場合は、「お金は天から降ってくる」と思っているようです。現実に親からお金をもらっているので、そういうところが非常に強くあります。

したがって、これから、非常に怖い時代に突入《とつにゅう》していくだろうと思います。

4　逆風をかいくぐり、繁栄《はんえい》への道を選び取れ

今後、政権交代が起きなければ長期の構造不況《ふきょう》が来る

では、こうした厳しい時代を、どのように生き抜《ぬ》いていけばよいのでしょうか。本当に慰《なぐさ》めにしか聞こえないかもしれませんが、まだ政権交代の可能性が残っているうちは、いつの時代にも自由の復権の余地はあります。完全に法律で縛《しば》られるとは限りません。

たとえ、どんな不況下《ふきょうか》にあっても、どんな逆風下にあっても、一部の企業《きぎょう》は発展していくものなので、どうか、そのなかをかいくぐり、発展・繁栄《はんえい》する道を選んでほしいのです。「先行きがどうなるか」をよく見抜いて、生き抜いていただきたいと思います。

ただ、私がこれまで説いてきたように、個人の努力や企業の努力によって道を拓《ひら》くには、少し障害物が増えてくる時代に、今後は入ってくるでしょう。

例えば、前述したように、「百四十三カ所ものダム建設を、すべて見直す」などということを政権発足当初に言えること自体が、完璧《かんぺき》な社会主義なのです。一括《いっかつ》して、そういう判断ができるはずがありません。それぞれの事情を、すべて調べ、経済効果も考慮《こうりょ》した上でなければ判断できないことなので、ものすごく乱暴なやり方です。

これは、「王族はみなギロチンにかける」というのと同じような発想です。非常に社会主義的な発想なので、とても怖《こわ》いところがあると思います。

ただ、経済的には、「子ども手当」など、可処分所得を増やす経済政策を幾《いく》つか打ち出しているため、一時的に消費支出が増えて景気が良くなるように見える局面があるかもしれません。しかし、最終的に、政権交代がまったく起きなかった場合には、十年ぐらいの長期不況、構造不況が予想されます。

私は、「二〇一一年あたりから、テレビ局、新聞社等の大型マスコミが倒産《とうさん》し始める」という予想を述べていますが、普通《ふつう》は、倒産する前に悲鳴をあげるものなので、ワアワアと現政権の批判をたくさんし始めるでしょう。

それで、内閣支持率が下がってきたときに、復元力のある政党が存在すれば、世の中を変える力はまだありますが、もはや自民党でさえ二大政党から消えてしまう寸前の状態です。三分の一ぐらいの勢力になりつつあり、もう一度、選挙で敗れたら、消えてしまう可能性があります。

その場合には、もはや政権交代が起きなくなって、民主党による一党独裁型になるので、新しい法律を次々に制定されたら、企業の自由は死にます。

そういうことであるため、企業にとっては非常に厳しい時代です。国家が方向付けをした範囲《はんい》でしか経済活動ができなくなってくる可能性が非常に高いのです。

現政権は日米同盟の意味が分かっていない

もう一つには、戦争の危機が高まります。現政権は、日米同盟の本当の意味が十分には分かっていません。「日米同盟が軍事同盟としての性質を持っている」ということが、どうも分かっていないように思われます。

例えば、アフガニスタンの問題についても、アフガン攻撃《こうげき》への協力をしたくないため、「軍事的支援《しえん》ではなく、民生支援をしたらよいのではないか。タリバンを更生《こうせい》させて、職業に就けるようにするための援助《えんじょ》をしたらどうか」などということを言っているので、日米同盟の意味を理解していないことがよく分かります。さらに、「なぜアメリカがタリバンを攻撃しているのか」ということも理解していません。

アメリカという国は、正義のために戦う国なのです。いわば、アメリカは、スーパーマンやバットマン、スパイダーマンの国なのです。いつも「正義」対「悪」という図式があり、「悪に対しては戦うことが正義である」と考えていて、「戦い自体が悪である」という思想は持っていません。

「戦い自体が悪である」という考えは、日本のなかに根深くある思想です。「善悪不二《ふに》で、善も悪も分からない」という日本人の考え方は、彼らから見ると非常に遅《おく》れているように見えるのです。「智慧《ちえ》がないから善悪の判定ができないのだ」というように思われています。

アメリカが何のためにタリバンを攻撃しているのかというと、それは、ワールドトレードセンターを攻撃され、破壊《はかい》されたからです。その張本人はタリバンのなかに潜《ひそ》んでいて、まだ決着がついていません。それゆえ、しつこく攻撃しているわけです。

その軍事的な行動自体を否定するということは、「世界金融《きんゆう》の中枢《ちゅうすう》や政治的に重要な機関等をテロ活動で爆破《ばくは》されても、それを容認する」ということと、ある意味では同じなのです。

ところが、鳩山《はとやま》首相は、「例えば、刑《けい》を終えた犯罪者が釈放《しゃくほう》されて娑婆《しゃば》に戻《もど》ったあと、職に就けるように援助するのと同じようなことを、タリバンにも行えばよいのではないか」ということを言っています。まったくピントがずれているのですが、悲しいことに、本人は、ずれていることが理解できていません。

エコ政策にも左翼《さよく》思想が深く入っている

それから、CO_2排出《はいしゅつ》の問題に関しても、前述したように、「世界のトップランナーとして二十五パーセント削減《さくげん》を実行する」と言っていますが、それによって、日本の工業部門がどれほど後れを取ることになるか、分かりません。発展途上国《とじょうこく》にも大きなマイナスがありますが、実際には、CO_2排出削減を守らない国がほとんどです。

私の著書『夢のある国へ――幸福維新《いしん》』（幸福の科学出版刊）にも書いたように、「CO_2による地球温暖化」というのは、まだ十分な根拠《こんきょ》がなく、仮説にしかすぎないにもかかわらず、その仮説に乗せられて完全に〝信仰《しんこう》〟の世界に入り、百パーセント信仰しています。

しかし、まだ結論は出ていません。グリーンランドの氷が解けたぐらいで信じてはいけないのであって、地球環境《かんきょう》に何が起きているか、本当のところはまだ分からないのです。

今、エコカーやエコポイントなどが流行《はや》っていて、確かに、一部の経済の復興にはなるでしょうが、CO_2排出削減政策が日本経済沈没《ちんぼつ》への牽引車《けんいんしゃ》になる可能性は極めて高いと思います。

また、水力発電は十分にエコだと私は思うのですが、「水力発電をやめて、水路の小さな段差を利用して発電する、小さな発電機をたくさん設置する」「太陽光発電のパネルを全国に設置すればよい」などと言っています。

そういうものにも一定の経済効果はあるかもしれませんが、小さいので効果は限られるでしょう。「火力発電のほうを減らす」というのであれば分かりますが、「水力発電を減らす」というのは、どうかと思います。やはり、これには左翼の思想が深く入っていると考えられます。

したがって、今後の動向を注意深く見守る必要があります。鳩山首相は、経団連そのものを「利益団体である」と言い切っています。これは、「利益を求める団体は、悪の団体である」と理解しているということです。

この思想自体には非常に危険なものがあります。こういう思想を持ちながら、失業対策をしたり、国民を豊かにしたりすることには、かなり厳しいものがあります。「政府が補助金をまけば国民が幸福になる」などということはありえません。もしかしたら、北欧《ほくおう》あたりの福祉国家を目指しているのかもしれませんが、それは日本の目指すべき道ではないと思います。

未来を見抜《ぬ》き、生き延びる智慧《ちえ》を磨《みが》け

かなり厳しい話をしましたが、要するに、「企業家や、会社で働く人たちは、自分の会社と同業者の動きだけを見ていたのではいけない」ということです。

「国家がどう動くか。外国との関係で、いったい、どんな条約を結んだり、どんな宣言をしたりするか。それが、その後《ご》、わが社に、どのように影響《えいきょう》してくるか」ということを注視しなければいけません。

そして、未来を見抜《ぬ》き、生き延びる智慧《ちえ》を磨《みが》かなければいけません。そういうことを警告しておきたいと思います。

日本の民《たみ》は、残念ながら愚《おろ》かな選択《せんたく》をしました。おそらくは、「麻生《あそう》前首相の顔が気に入らない。しゃべり方が気に入らない」など、単なる印象の影響がかなり大きかったのだろうと思います。

ただ、その結果、選挙でこれほど極端な差が出ることまでは予想していなかったのではないかと思います。単に「気に食わなかった」ということだけで、そこまでの結果をもたらしたわけです。

しかし、その次には、怖い、社会主義的な全体主義が出てくる可能性が強いのです。

特に、主権力を持っている小沢一郎《おざわいちろう》という人は、元はもう少し違う人でした。自民党の本流で、〝嫡出子《ちゃくしゅつし》〟〝直系の長男〟と言われていたころや、離党《りとう》後しばらくの間は、もう少し自由主義的であり、「日本は普通の国を目指すべきである」という考えの持ち主でした。例えば、「憲法九条改正」というようなことを言えば、すっ飛《と》んでくるような人だったのです。

しかし、長い野党暮らしの間に、彼の考えはかなり変わったようです。今は、ずばり一言で言うなら、「国家社会主義者」です。元の小沢一郎とは違う人になっていて、自民党とは正反対のことをやろうとしているように見えます。

そういうことをよく知った上で、未来を見抜かなければいけないのです。

厳しい時代がしばらく続くかもしれません。そのなかを生き抜いていくのは大変だろうと思います。

今はディスカウントショップが流行《はや》っていますが、そこもまた、間もなく潰《つぶ》し合いが始まるはずです。例えば、「セブン - イレブン」対「イオン」で、「どちらが潰れるか」などということが、すでに言われているぐらいです。

いずれにせよ、大量失業の時代がやってくる可能性が高いでしょう。心を引き締《し》めて、この苦難に立ち向かっていかなければなりません。

第3章

危機に立つ日本

1　マルクスの亡霊《ぼうれい》が立ち現れている

〝ナイアガラの滝《たき》〟に落ちる瞬間《しゅんかん》が近づいている

第3章では、今日《こんにち》の政治状況《じょうきょう》等を見て、私の思うところを述べていきます。世界は決して良い方向に動いているとは見えません。日本もまた同じく良い方向に動いているとは見えません。残念ながら、〝ナイアガラの滝《たき》〟が近づいています。川下を見れば、滝がもうすぐやってくるのが見えるような地点に今いるように感じます。

昨年（二〇〇九年）夏以降、私は国難到来《こくなんとうらい》への警告をかなり発したのですが、国民の多くには理解していただけなかったようです。

残念ですが、私が指摘《してき》していたことは、少しずつ、じわじわと当たりつつあるようです。「現代の民主主義というのは、これほどまでに愚《おろ》かなものなのか」と悲しく思います。

日本は、マスコミ主導型の民主主義なのでしょうが、マスコミの理解力がとても低く、「現実に起きてみないと分からない」というレベルです。「事態が起きて通り過ぎてみないと分からない」という状況に近いと思います。

そして、マスコミの最も大きな問題は、「世界に関する解釈《かいしゃく》が間違《まちが》っている」という点です。

ブッシュ政権のときにサブプライムローンの失敗が起き、その負の遺産の解決を期待されて、オバマ政権が成立したわけですが、日本では、「サブプライムローンの失敗に端《たん》を発して、資本主義、自由主義の時代は終わるのだ」と解釈する人が多く、マルクスの亡霊《ぼうれい》が立ち現れているように感じられるのです。

今の日本の政治状況を見ても、鳩山《はとやま》首相は七〇年安保世代の人ですし、六〇年安保世代の人も、まだ民主党の中心部にいます。若いころに安保闘争《とうそう》をしていたような人たちが、資本主義の行き詰《づ》まりの下《もと》で、かつて失敗した革命を復活させようとしているように、私には見えます。

というのも、一九九〇年に、旧ソ連の崩壊《ほうかい》を迎《むか》えて、東西冷戦がほぼ終わり、「資本主義側、自由主義側が勝利した」という政治的な状況になったにもかかわらず、日本においては、左翼《さよく》系マスコミが滅《ほろ》びなかったのです。これが大きなポイントです。

本来ならば、左翼系マスコミは、滅びるか、あるいは衰退《すいたい》しなければいけなかったのに、なぜ、そうならなかったのでしょうか。

そのころ、日本国内では、ちょうど、バブル潰《つぶ》しの〝大合唱〟が行われていました。一九八九年に株価が史上最高値になりましたが、日銀と大蔵省（当時）が組んでバブル潰しを行ったのです。当時、好景気が五年以上続いていましたが、「こういう状態が、いつまでも続くわけがない」と考え、人為的《じんいてき》な力をかけて好景気を潰してしまったのです。

その結果、四万円近くまで行っていた日経平均株価は、七千円台にまで落ちました。国民の財産（株式資産）は吹《ふ》っ飛《と》び、マックス時の五分の一から六分の一ぐらいにまで減ってしまったのです。

「国民の財産を減らして喜ぶ政府というものが、世の中に存在してよいのか」と私は思うのですが、そういう政府がありえたわけです。

要するに、左翼陣営《じんえい》を支援《しえん》していたマスコミは、旧ソ連が崩壊した時点で衰退しなければいけなかったのですが、当時のバブル潰しに資本主義の行き詰まりを感じ取り、その波に乗ったために、一九九〇年代を生き延びてしまったのです。

潜在意識下《せんざいいしきか》で、不況を喜び、招来《しょうらい》している左翼系マスコミ

こうして命脈を保った左翼系マスコミは、その後《ご》、日本経済に対して繰《く》り返し〝潜水艦攻撃《せんすいかんこうげき》〟をかけています。

例えば、二〇〇〇年代に入り、やっと不況から脱出《だっしゅつ》して、緩《ゆる》やかな好景気に入ろ

うとしたら、「ＩＴバブル潰し」をやっています。最近も、アメリカの金融危機《きんゆうきき》等を受けて大騒《おおさわ》ぎをし、小さいバブル潰しを起こして、もう一度、不況をつくり出そうとしています。

このことは、「不況を喜んでいる〝種族〟がいる」ということを意味しています。不思議なことですが、世の中には、不況になると喜ぶ産業があるのです。

マスコミのすべてがそうだとは言いませんが、一部には、そういうところもあります。

経済系の新聞や株式新聞などは、好況になると、うれしくて、面白いかもしれません。しかし、社会正義を標榜《ひょうぼう》しているような一般《いっぱん》の新聞は、なんとなく面白くありません。「『企業《きぎょう》が利益をあげている』ということは、『不正が堂々と行われている』ということである」と考えがちなのです。

これは、時代劇で言うと、悪代官を征伐《せいばつ》する感じでしょうか。一部のマスコミには、利益というものが、商人から悪代官に渡《わた》される〝千両箱〟のように見えているようです。利益と賄賂《わいろ》の区別がつかないのでしょう。

繁栄《はんえい》した企業は、「その繁栄の道がますます続くように」と考え、例えば政治献《けん》金《きん》をするわけですが、それを資金にして政治をすると、時代劇のなかの悪代官が賄賂をもらっているように見えるわけです。

マスコミの一部というか、半分ぐらいは、そうでしょう。役所にも、利益をそう見ているセクションはあります。一生懸命《いっしょうけんめい》に働いても収入が上がらないようなセクションにいる人は、そう考えがちなのです。

要するに、日本が、今、危機に立たされている背景には、「一九九〇年代に東西冷戦が終わり、自由主義陣営が勝利したと言われたときに、左翼系マスコミが滅亡あるいは衰退せず、奪回《だっかい》の機会を狙《ねら》っていた」ということが根本《こんぽん》にあります。

そして、「二〇〇八年のサブプライムローンの破裂《はれつ》以降、マルクスの予言どおり資本主義は行き詰まり、株価の暴落や恐慌が起きて終わりになるのだ」というような経済学の復権を手放しで喜んでいる連中がいるのです。「小説『蟹工船《かにこうせん》』に描《えが》かれているような、貧しい時代がまた来るぞ」ということを、うれしそうに言う人たちがいるわけです。

結局、「潜在意識下《せんざいいしきか》において、不幸を喜び、招来《しょうらい》している人たちがいる」ということなのです。

マスコミの一部は、日本を福祉《ふくし》国家へと持っていこうとしている

特に、最近のマスコミ報道においてキーワードになっているのは、「格差」という言葉です。ここ一年以上、「国内の格差が広がっている」「ワーキングプアが増えている」などということが、錦《にしき》の御旗《みはた》のように使われています。

ただ、左翼系マスコミがメンタル面において惹《ひ》かれているであろう「中国」は、現実には、日本以上にもっと大きな格差社会になっています。

中国の南部では、人々は金儲《かねもう》けに励《はげ》んでいて、大富豪《だいふごう》になると、何千万円もするような外車を乗り回しています。一方、奥地《おくち》の農村部には、月収二万円ももらえな

いようなレベルで生活をしている人が何億人もいます。

こうした富裕《ふゆう》層と貧困層の力関係が、完全に引っ繰《ひく》り返るところまでは行っていないので、まだ革命は起きていませんが、中国では、年間、何千件、何万件という暴動が現実には起きています。

それは、日本国内では報道されていない事実ですが、中国では、格差が広がっていることに対する暴動が起きているのです。

その中国に比べれば、日本社会はまだ格差が非常に少ないのに、マスコミ等は「格差が非常に大きい」と言っているわけです。

特に、最近のテレビ番組等を見ていると、ＮＨＫの左翼化が非常に強く出てきているように思います。番組の編成が〝左〟にそうとう寄ってきているのです。

政権交代以降は、民主党の提灯持《ちょうちんも》ちのような番組がかなり増え、「現政権の正当性を裏付けるような番組を、いかにつくるか」ということに腐心《ふしん》しているように見えます。おそらく、最終的な理想郷を北欧型福祉国家《ほくおうがたふくしこっか》のほうに持っていこうとしているのでしょう。

ちなみに、アメリカのほうも、オバマ大統領になってから、福祉型社会主義にかなり傾斜《けいしゃ》してきていると言われています。

オバマ大統領は、アメリカン・エリートになるためには、若干、不幸な生い立ちを経《へ》ています。

彼《かれ》は、ケニアから来た留学生と、アメリカ人の白人女性との間に生まれましたが、ほどなく両親が離婚《りこん》したため、父親の姿を見ることもなく、幼少年期を過ごしています。その後、母親がインドネシア人と再婚したため、家族でインドネシアに移住しますが、青年期はハワイで祖父母に育てられています。

ハワイの学校からアメリカ本土の大学に入り、さらにハーバードのロー・スクール（法科大学院）に入っています。そして、恵《めぐ》まれない人や貧しい人のための弁護士をしていました。

そういうキャリア（経歴）の人が、上院議員に一回当選したあと、大統領になっているのです。

こうしてみると、おそらく、彼には、資本主義や企業の本質を十分に学ぶ機会はなかったであろうと推定されます。

法律学は学んだでしょうが、法律は、悪いほうに使えば、社会主義的な統制の原理としても働きます。彼は、法律のそういう面を学んでいても、アメリカの本当の意味での良さは十分に見えていない可能性があります。

アメリカのオバマ現象とタイアップして、日本の政治状況は、かなり変化してきています。ある意味で、日本にもオバマ現象を起こそうとして、政権が民主党に移ったのであろうと思います。

2 「東アジア共同体」構想の落とし穴〔外交の危機〕

貧しい国との共同体は、「富の流出」をもたらす

こうして日本にも民主党政権が誕生したわけですが、その向かって行く方向が「未来」であるとは、私には思えません。「過去」に向かっているように見えて、しかたがないのです。

それも、政権発足当初は、明治維新《めいじいしん》から江戸《えど》時代に戻《もど》っていこうとしているように見えましたが、去年の秋以降は、それを通り越《こ》して、平安《へいあん》時代に戻ろうとしているような印象を受けています。遣唐使船《けんとうしせん》を送り中国に朝貢《ちょうこう》していた時代に戻っていこうとしているように見えて、しかたがないのです。

鳩山《はとやま》首相は、「東アジア共同体をつくる」と言っていますが、貧しい国と共同体

をつくって幸福になることは、おそらくないでしょう。それは、日本からの「富の流出」を意味することになると推定します。

マスコミが「格差が開くのはいけない」と〝合唱〟しているなかで、もっと貧しいアジアの国と共同体をつくったら、どうなるでしょうか。

「日本は本当に悪い国である。こんなに豊かな生活をしていて申し訳ない」ということになってきて、日本国民をもっと貧しくする方向に圧力がかかってくるはずです。

これは、統一協会の思想に近いものがあります。統一協会は、韓国《かんこく》で、「日本はエバの国であり、韓国はアダムの国である。日本は韓国に対して悪いことを散々したのだから、日本の金をいくら吸い上げても構わないのだ」というようなことを言っています。

今、「東アジア共同体」をつくれば、これと同じように、「先の大戦で、日本はアジアの諸国を散々に荒《あ》らした。この六十数年前の悪業《あくごう》を拭《ぬぐ》うためにも、日本は富を散らすべきだ。平等な東アジア共同体をつくるために、お金を使うべきだ」というような主張が出てくるでしょう。論理的には、当然、そうなっていくと思うのです。今、日本国内で、「格差が開いている」「貧しさが増えている」などと言っていますが、アジアにおいては、もっと差があります。国によっては、日本の十分の一、百分の一といったレベルの貧しさが現実にあるわけです。

日本は、明治以降、「脱亜入欧《だつあにゅうおう》」というスローガンを掲《かか》げ、アジアから出て欧米《おうべい》列強の一角に食い込《こ》もうと努力してきました。

しかし、鳩山首相は、この百数十年間、日本が行《おこな》ってきた努力の時間軸《じく》を引っ繰《く》り返し、反対方向に向かおうとしているのです。

実際は、アジアから抜《ぬ》けて欧米の国のようになろうと努力したことが、「日本がアジアの国の手本となり、教師となる」という役割を果たしていました。

それが、今、日本は、欧米からユーターンして、アジアに入ろうとしています。「脱欧入亜《だつおうにゅうあ》」とでも言うべきかもしれませんが、これは必ず、貧しい国の仲間に入っていく動きになるはずです。

思想的な方向性を間違《まちが》えると、どうしても、間違った方向で物事が実現していきます。したがって、「どういう考え方を持つか」ということについては、非常に気をつけなければいけないと思います。

中国は「全体主義的統一国家」を常に目指す国

さらに、日本のGDP（国内総生産）は、今のままで行くと、まもなく世界二位から三位に落ち、中国のGDPが二位になる可能性があります。そのときの国民の精神的ショックは、かなり大きいものがあるでしょう。

そして、間違ったマスコミ等がそのショックを煽《あお》り、「中国を見習え」というようなことを言い始めると思います。

中国の内情を知らずに、そういう方向に動かされると、日本は、自国の優れたところを捨てることになるでしょうし、また、日本に異質なものが入ってくるかもしれません。

中国という国は、歴史も文化も伝統もある国であり、人類の歴史にとっては非常に貴重なものを持っています。その歴史のなかには人類の智慧《ちえ》が数多く眠《ねむ》っていると、私は考えています。

しかしながら、中国四千年の歴史を見るかぎり、全体的に言えることは、「中国は、全体主義的統一国家を常に目指している国であった」ということです。

中国では、いつの時代にも、強権によって強力な統一政権がつくられ、政府や、その取り巻きの一部の人たちだけが富み、あとは貧しさの平等が広がっていました。そして、「そういう体制に対して反抗《はんこう》する者に対しては弾圧《だんあつ》を加え、『○○の乱』というかたちで片付けられる」ということが、数千年の間、幾度《いくど》となく起きてきたのです。

現代的に言えば、いろいろな政党があって、野党側が与党《よとう》側に反論するようなものでしょうが、そういう政治運動はすべて鎮圧《ちんあつ》されているはずです。

このように、中国には、国家の基本的な伝統として、「強権でもって統一国家をつくる」ということがあるように思います。

中国は核《かく》兵器の削減《さくげん》に簡単には応じないだろう

また、中国は、「中華《ちゅうか》思想」と、その中華思想に基づく「周辺国に朝貢をさせる文化」というものを持っています。

したがって、今、アメリカやロシア等で、「核《かく》兵器を削減《さくげん》しよう」と言っていても、中国はなかなか話に乗ってこないだろうと思います。また、その他《た》の国も、全部が全部、乗ってはこないでしょう。

アメリカやロシアは核兵器を数多く保有しているので、つくり過ぎた核兵器を廃《はい》棄《き》していくことは悪いことではありません。特にロシアは保管状況が良くないので、いち早く処分する必要があります。もし核兵器が盗《ぬす》まれたら、大変なことになります。

ただ、核兵器削減への動きは、単なる平和主義ではないことも知っておかねばなりません。それは、財政赤字の縮小のために言っている面がかなりあります。

アメリカの国家予算では、軍事費が約六十兆円もあります（二〇〇九年時点の見積もり額）。実は、オバマ大統領は、平和を標榜《ひょうぼう》しながら〝撤退戦《てったいせん》〟、つまり軍事費を減らし、財政再建をしようとしているのです。

アメリカは債務国《さいむこく》なので、借金を減らし、国家の破産を避《さ》けようとしているわけです。これを知っておかなければなりません。

3　必要のない「増税」が行われるおそれ〔増税の危機〕

マスコミは日本が債権国《さいけんこく》であることを見落としている

日本でも、「財政赤字が大きく、このままでは国が破綻《はたん》するので、増税は不可避《ふかひ》である」ということが、ずいぶん言われています。

消費税についても、前述したように、ＮＨＫなどは、「ヨーロッパでは消費税率が二十パーセント近くある。特に北欧《ほくおう》は、それ以上もある。その代わり、国民の側では、子育てなどに、ほとんどお金がかからない」というようなことを宣伝し始めていますが、ここにも危険な面があると思います。

実は、日本は債権国《さいけんこく》であり、国家としては黒字です。債権と債務を国レベルで見ると、日本は、債権のほうを多く持っていて、外貨を蓄《たくわ》えています。外国との関係においては「黒字国家」であり、倒産《とうさん》はありえないのです。

要するに、「国内を分析《ぶんせき》すると、政治家や公務員が絡《から》んだ公共セクターでの経営が赤字であり、民間セクターでは黒字である」ということです。「民間が行っている仕事」では黒字が出ているのであって、「公共部門が行っている仕事」で赤字が出ているだけなのです。

つまり、日本はトータルで見たら黒字です。これがアメリカとの大きな違《ちが》いです。

したがって、国民国家としての破産は、原則、ありません。公務員部門としての国家の破産はありえますが、国民国家としての破産はありえないのです。

財政赤字はリストラのチャンスと捉《とら》えるべき

もし公務員国家としての破産が起きたら、民間から人が集まり、政府をつくり変えればよいだけのことです。

それは、明治維新《いしん》のパートツーが起きることを意味します。〝幕府〟の財政が潰《つぶ》れ、新しい政府をつくらなければいけない時代が来るだけのことです。公務員を養っている経営体が潰れる可能性はありますが、日本という国自体の基本的な経営が潰れるわけではないのです。

要するに、「潰れる」ということは、「赤字部門がリストラされ、再建される」ということを意味しているので、公共部門の財政破綻は、むしろリストラのチャンスと捉《とら》えるべきでしょう。

「常に赤字にしておかないと、採算の悪いことをし続ける」というのが、政治家や公務員の習性であると見てもよいので、政府や地方公共団体が赤字であることは、それほど悪いことではありません。「採算の悪いことをしなくなる」という良い面もあるのです。

さらに、政府や地方公共団体が「赤字だ」と見ているもののなかに、現実には資産がかなり隠《かく》れていて、赤字は見かけよりもかなり少ないのです。

政府や地方公共団体には、民間会社のような決算書、つまり貸借対照表や損益計算書等がないので、資産の部分が現実には分かりません。経営状態がはっきりとは分からないのです。

そのため、正確な数字は出ていませんが、ただ、資産の部分もそうとう持っていることは判明しているのです。

財政問題について、ここまで考えると、「増税が不可避である」と言って、消費税率を十パーセント、二十パーセント、あるいは、それ以上に上げていく必要はないと言えます。

トータルの税率を北欧並みに五十パーセントぐらいにまで引き上げ、「子供が生まれてから大学を卒業するまで、すべてを無料にして、国が面倒《めんどう》を見る」というかたちにしていく必要は、まったくない状態にあるのです。

4 「友愛革命」で日本はもっと貧しくなる〔経済の危機〕

郵政問題に見る、政権交代の正体

最近の政治状況《じょうきょう》を見ていて、もう一つ、問題があると思われるのは、企業《きぎょう》に関してのことです。

小泉内閣のとき、郵政民営化だけを焦点《しょうてん》にして解散総選挙をしたところ、自民党側が大勝したため、その後《ご》、郵政改革が行われてきました。

しかし、今の政権には、民営化に反対していた勢力が入っているので、郵政改革を引っ繰《く》り返し、公営化、国営化のほうに戻《もど》そうとしています。現政権のベクトルは、まったく正反対の方向に向いているのです。

ただ、歴史的に見るかぎり、民営化して悪くなったものは、ほとんどありません。民営化すると、必ず、採算とサービスの向上というテーマが出てきます。「採算をとって黒字・利益を出そうとする傾向《けいこう》」と「サービスを良くしようとする傾向」が出てくるのです。

このことは、国鉄がＪＲになったときの変化を見た年代の人であれば分かるはずです。昔の国鉄はひどいものでした。

ところが、郵政改革に関しては、国営化のほうへ戻っていこうとする傾向が、またしても出てきているのです。

したがって、今回の政権交代の正体が、だんだん明らかになってきていると思います。つまり、「民主党は、かつてないほど大きな社会党になろうとしている」ということが推定されるのです。

少なくとも、いったん民営化したものを、国営に戻そうとしているわけなので、これは恐《おそ》ろしい運動であると思います。これをマクロ的な視野で見ると、「自民党政権は、赤字部門を減らそうと努力していたのに、民主党政権は、赤字部門を拡大して黒字部門を減らそうとする方向へ戻そうとしている」ということです。

郵政改革担当大臣の亀井静香《かめいしずか》氏は、警察官僚《かんりょう》出身ですが、企業経営がまったく分かっていません。さらに、「利益は悪である」と考えているようです。警察というのは、だいたい、そのようなものかもしれません。利益をあげているところは、みな泥棒《どろぼう》のように見えている可能性が、かなり高いと思います。

友愛革命は「社会主義革命」へと進んでいる

鳩山《はとやま》首相は「友愛革命」を掲《かか》げていますが、結局、鳩山氏の言う「友愛」は、平等のなかにしか成立しないようであり、やはり、「社会主義革命」へと進んでいこうとしているように見えます。

しかも、鳩山氏のバックに付いている、実際上の権力者である小沢一郎《おざわいちろう》氏は、全体主義的社会主義者になっています。これは見落としてはいけないポイントです。以前、自民党時代に、総理・総裁候補として将来を嘱望《しょくぼう》されていたころは、そういう人ではなかったのですが、野党歩きをし、与党《よとう》の破壊《はかい》をライフワークにして一生懸命《しょうけんめい》にやっているうちに、軸《じく》が左のほうにブレたのです。

今は、とにかく政権取りだけを考え、自民党を破壊することを目的にし始めているので、考え方としては、全体主義的社会主義者になってしまっています。

全体主義的社会主義は、現在、世界のどこに生き残っているかというと、それは「中国」と「北朝鮮《きたちょうせん》」です。小沢氏の考え方には、この両政府の思想に共通するものがあります。

その意味で、民主党政権はアメリカから距離《きょり》を取っていくだろうと推定されます。「自立」という名の下《もと》に、だんだん距離を取っていき、結果的には、日米安保のきしみ、あるいは破棄《はき》につながるかもしれません。

同時に、中国を盟主とする「東アジア共同体」をつくろうと動いていくものの、日本は、結局、貧しい国の財布代わりに使われるだろうと推定されます。

したがって、日本国民は、今よりも、もっと貧しくなる可能性があります。

企業活動を悪と見れば、貧しくなるしかない

さらに、政権のなかに、国民の豊かさの源泉である企業活動そのものを悪と見なす思想が、はっきりと表れてきているので、危険であると思います。

亀井氏も鳩山氏も、「経団連は、利益を追求しているだけの団体である」というような言い方をしていますが、ここには、「利益追求団体は悪である」という考え方が表れています。ある意味で、宗教的なバックボーンがあるのかもしれませんが、その宗教的バックボーンは、経済が発展していなかった時代のものと見てよいでしょう。

補助金をまこうとしても、出所がなければ話になりません。補助金をまくためには、それだけ税収があがらなければならず、その税収のもとになるのは、民間部門の繁栄《はんえい》なのです。

利益をあげる個人や企業が出て、民間部門が繁栄しなければ、補助金をまき、貧しい人を助けることはできません。所得の再分配ばかりを言っても、国民が働かなくなってきたら、再分配機能そのものがなくなっていくのです。

「お金を儲《もう》けること自体が悪である」と言うのであれば、世の中には、お金を儲ける人がいなくなっていき、誰《だれ》もが公務員のような存在になっていきます。そして、経済全体のパイが縮んでいき、再分配もなくなり、最後には貧しさの平等が実現するようになります。それは昔の村社会の姿です。

日本は、ここ百数十年の間、その状態から逃《に》げ出してきたのですが、今、ユーターンをし、伝統的な古い日本へと戻ろうとしています。

坂の上の雲を目指していたのに、〝坂の下の水たまり〟に戻ろうとしている。これが今の日本の状態であると思います。

5 日本が中華圏《ちゅうかけん》に組み込《こ》まれる可能性〔国防の危機〕

戦争には、「自由を守るための戦い」と「自由を抑圧《よくあつ》する戦い」がある

日本には、国防面でも危機が迫《せま》ってきています。

日本のマスコミの誤りにより、世間では、「左翼《さよく》思想こそが平和思想である。一方、『国防』『軍事』などという言葉を使う人は右翼《うよく》であり、タカ派であり、戦闘《せんとう》的で悪いことをする」と考えるような二分法が流行《はや》っています。

しかし、これはフェアな議論ではありません。公平に見るかぎり、左翼勢力のほうが、よほど軍事好きであり戦争好きです。

もちろん、自由主義陣営《じんえい》、資本主義陣営も戦争はしています。ただ、戦争には、

「自由を守るための戦い」と「自由を抑圧《よくあつ》するための戦い」という二種類があり、自由主義陣営は「自由を守るための戦い」を行っているのです。

一方、左翼陣営は、「自由を抑圧するための戦い」を行っています。自分たちの力で繁栄《はんえい》できない場合、軍事力でもって、他《た》の国を併合《へいごう》したり、他の国の富を取ったりすることをし始めます。これが国家社会主義の特徴《とくちょう》なのです。

国家社会主義的に拡張していくと、自分たち自身の努力によって富むことを考えず、必ず他の国の資源や富を取りに入ってきます。非常に危険です。

このように、「『自由を守るための戦い』と『自由を抑圧するための戦い』とは違《ちが》う」ということを知っていただきたいのです。

中華圏に置かれたら、日本に「自由の死」がやってくる

相手の国を占領《せんりょう》し、人々の自由を抑《おさ》えつけ、「おまえたちを平等にしてやったのだ」と言うようなことが解放戦争であると考えるのは間違いです。こういう考え方

をする勢力に屈《くっ》するわけにはいかないのです。

今の中国には、民間部門を西側の資本主義諸国のように見せている面もありますが、〝頭の部分〟は変わっていません。

「もし、こうした中国が、アジア圏を支配下に置いたら、どうなるか」ということを考えると、圧倒的《あっとうてき》な軍事力によって、抑圧政策をとることは、ほぼ間違いないでしょう。中国の支配下に置かれた国々には、「自由の死」がやってくると思います。

ところが、今の民主党政権は、お人好《ひとよ》しにも、防衛費を削《けず》り、自衛隊を縮小していくだろうと推定されます。ダム建設を中止するぐらいなので、防衛費もカットしてくるでしょう。

そのうち、「防衛費を全額カットすれば、四兆円から五兆円ぐらいの予算が出るので、これを、すべて福利厚生に回そう」などと言ってくるだろうと思います。最後は、「中国と同盟を結んで友好関係を築けば、日本に攻《せ》めてくる国はなくなる」

というようなことを言い始めるかもしれません。

また、鳩山《はとやま》首相は、祖父である鳩山一郎《いちろう》の思想を受け継《つ》いでいるということなので、ロシアと友好関係を結ぼうとし、北方四島の返還《へんかん》を求めるだろうと思いますが、うまくはいかないでしょう。

こうしたなかで、アメリカとの関係が疎遠《そえん》になり、中華圏《ちゅうかけん》に組み込《こ》まれていく流れが出てくると考えられます。

したがって、日本の先行きには、非常に厳しいものが待ち受けているように見えます。

6　学力低下・家庭の価値が失われる危険性

〔公教育・家庭の危機〕

高校無償化《むしょうか》は社会主義の発想そのもの

私は、経営学者のドラッカーが述べているように、「企業《きぎょう》が発展することは、独裁的専制政治あるいは全体主義体制から国民を守るための、一種のシェルターになる」と考えています。

企業が発展するためには、やはり、「チャンスの平等」と「経営の自由」が保障されていなければなりません。

すなわち、「新規に参入するチャンスの平等」と「手腕《しゅわん》が良ければ発展・繁栄《はんえい》することができる自由」があって、創意工夫《くふう》や努力の結果、多くの人の支持を得たならば、それに見合っただけの利益があがる体制が維持《いじ》されていなければならないのです。

もし、法律などで、これを抑《おさ》え込《こ》みにかかるような国家になってしまった場合、企業の自由は死にます。企業の自由が死ねば、「国家が国民を直接養う」という体制が出来上がります。それは国家社会主義の姿そのものです。

今、民主党政権は、「国家がすべての面倒《めんどう》を見ることが理想的である」と考えていて、国家社会主義の方向へ向かおうとしているように見えます。

例えば、現実に国の税収が足りないにもかかわらず、しかも、国民の多くが、タダであったとしても、いじめが多くて授業のレベルが低い公立校を嫌《きら》っていて、年に百万円を払《はら》ってでも、私立校や学習塾《じゅく》に通わせようとしているのに、高校の無償《むしょう》化《か》(将来は大学も)を目指しています。

悪い教育を、国費を使って、タダにしようとしているわけですから、怖《こわ》いことです。

ある意味で、「ゆとり教育」への揺《ゆ》り戻《もど》しが始まっています。郵政民営化が国営化に戻ろうとしているのと同じように、ユーターンしているのです。「ゆとり教育を廃止《はいし》して国際競争力をつけようとしていたのに、ゆとり教育に戻そうとしている」と見てよいでしょう。

ゆとり教育に戻せば、公務員である教員にとっては優《やさ》しい社会が到来《とうらい》しますが、それは、子供たちが欲求不満を起こす社会でもあります。「悪い教育ではあるが、税金を投入してタダにするから、我慢《がまん》しろ」というような考え方に向かっているように見えるのです。

国民には、どちらかといえば、「高くてもよいから、良い教育を受けたい」というニーズがあるにもかかわらず、民主党は民間的な発想ができないので、単にタダにしようとしているのです。

左翼《さよく》思想が台頭すると、家庭に責任を持たない人が増える

また、最近、テレビ等では、「格差が広がっている」「ワーキングプアという貧困

層が広がっている」などということをよく報道しています。しかし、その報道のなかには、〝嘘《うそ》〟があるというか、隠《かく》しているものがあって、貧困家庭の実態を報道していない部分があります。

実は、貧困家庭は、夫と離婚《りこん》した母子家庭であることが多いのです。つまり、本当は、「主たる生計者である夫の収入を放棄《ほうき》して離婚し、パートの収入だけで、子供を養い、高校、大学まで通わせるのは難しい」という問題なのです。

それにもかかわらず、マスコミは、社会構造自体が変わって、貧富の差が広がっているかのように捉《とら》えて報道しています。この点において、「嘘がある」「実態を隠して報道している」と言わざるをえません。

離婚の増大と同時に、主たる生計者が家族を養っていない現象が数多く見られるようになりましたが、それをもって、「貧困層が増えている」というように報道しているわけです。

このことは、社会の仕組み、あるいは、宗教や道徳のバックアップの低下が、かなり影響《えいきょう》していますが、実は、左翼《さよく》思想の台頭とも関係があります。

もともと左翼思想には、基本的に、「子供というものは国家が面倒を見るべきである」という発想があるのです。いわば、子供は〝産み捨て〟扱《あつか》いです。

モノをつくる工場とほとんど同じで、「子供が産まれたら、あとは国家が教育をし、面倒を見ればよい。子供を全員預かり、大人は男女とも働きに出たらよいのだ」というような考えが左翼思想の根本《こんぽん》にはあり、家庭というものに対する価値を非常に低く見ているのです。

これは、もともとマルクス自身がそういう人であったことが原因です。マルクスは、浪費家《ろうひか》で、まともに家族の面倒を見ていません。子供をつくりましたが、生計を立てることができず、友人のエンゲルスに生活費を工面してもらっていました。元祖・無責任男です。

マルクスは、友人に、「お金の面で家族の面倒を見てくれ」と言うような無責任男なので、こういう人が国家経営を考えたら、当然、「国家が子供の面倒を見るべきである」という発想が出てくるでしょう。「責任を持って子供を育てる」という考えが思想的に入っていないので、「子供はみな託児所《たくじしょ》や学校で預かる」というかたちになるはずです。

7 「自由」と「保守」を守るなかに未来はある

保守とは、家庭や社会、国家に対して責任を感じる立場

マルクスと同じような元祖・無責任男の一人に、ルソーという人がいます。この人は、五人の子供をつくっていますが、全員、孤児院《こじいん》に放《ほう》り込《こ》んでいます。非常に無責任な男です。

ルソーの思想は近代の教育思想のなかに入り込んでいます。教師になる人は、大学の教育学部で、ルソーに始まる教育思想の〝洗礼〟を受けるために、左翼《さよく》的なも

の考え方を持っていることが多いのです。

また、ルソーの思想の一部はフランス革命のなかにも流れ込んでいますが、もし、責任を取らない人間のわがままを許容し、そういう人の面倒《めんどう》を他《た》の人が見たり国家が見たりすることをもって、「友愛」と称《しょう》しているのであれば、それは、人類の文化に対する冒瀆《ぼうとく》であると思います。

自分がつくった子供を孤児院に捨てたことは、今で言えば、「赤ちゃんポスト」に置き去りにしたようなものです。そんなルソーに教育を語る資格はありません。頭のなかで、いくら理論を組み立てたとしても、実践《じっせん》が伴《ともな》っていなければ、机上の空論であり、言葉だけの問題です。実践していない者には、やはり、語る資格はないのです。

したがって、気をつけなければいけないことは、「理想主義的な考え方、あるいは、一見、合理的な考え方や理性的な考え方のように見えるもののなかに、特定の個人の人生観、価値観が非常に深く入っていることがある」ということです。この点を見落としてはいけません。

保守の立場というのは、ある意味で、「責任を感じる立場」です。家庭や社会、国家に対して責任を感じる立場が、保守の立場なのです。

それに対して、鳩山《はとやま》氏のように、安物の理性だけで、あるいは、数字的なものや経営工学的な発想だけで行くと、例えば、「百四十三カ所のダム建設を中止したらよい。そうすれば、税金の無駄遣《むだづか》いが減る」ということを考えるようになるのです。

そして、「それが現実に何を意味するのか」ということを考えません。すなわち、「ダムができることによって、どのような効用が生まれるのか」「今まで使ったお金は、いったい、どうなってしまうのか」「建設を中止した場合の補償《ほしょう》は、どうするのか」「本当に中止したほうが得なのか、損なのか」などということを考えないわけです。

八ッ場《やんば》ダムについては、六人の知事が現場を視察し、「建設中止は間違《まちが》いである」と言っていましたが、おそらくは、そのとおりでしょう。

このように、頭だけで考えた理論には、非常に怖《こわ》いものがあります。実生活や実体験に基づいて、責任を持った生き方をする人でなければ、非常に危険なものがあるのです。

鳩山氏はアメリカに対して心情的に反発している

それから、鳩山氏自身の、育ちの良さとアメリカ留学にも、少し問題があると見ています。

あまりに育ちが良すぎる人は、本人は自覚していませんが、性格がとても冷たいのです。本人は、自分のことを、温かい性格であると思っているのですが、実は冷たいのです。

育ちが良い人には、周りの人が、自分の世話をしてくれたり、自分のために尽《つ》くしてくれたりすることを、当然と思っているようなところがあり、人を使い捨てにすることが、まったく平気なのです。

また、アメリカに留学したとしても、必ずしも親米型の人になるとは限りません。親米型になる人と、嫌米型《けんべい》・反米型になる人とがいて、だいたい二通りに分かれます。確率的には親米型になる人のほうが多く、だいたい八割から九割はそうなりますが、一割から二割は反米型ないしは嫌米型になります。

　ただ、どちらのタイプになるにしろ、アメリカに留学した人は、ほぼ百パーセント、カルチャーショックを受け、言語と文化に対して劣等感《れっとうかん》を持ちます。

　そして、そのカルチャーショックのなかで、「このままではいけない。もっと頑張って努力しなければいけない。もっと向上しなければいけない」と考えて発奮するタイプと、「アメリカ的な価値観の押《お》し付けやごり押し、優越感《ゆうえつかん》を持っていて、偉《えら》そうにものを言う言い方が、とても嫌いだ」と感じて嫌米・反米になるタイプとに、大きくは分かれていくのです。

　特に日本の名門家庭に生まれた人などは、日本では、けっこうわがままが通るので、プライドが高くなり、アメリカの繁栄《はんえい》が、ある意味で、非常に安っぽく見える面もあります。

アメリカは、貴族の伝統がなく、「一代で成功できる」というチャンスのある国です。そういう国というのは、何代も続いたような名家や、伝統のある家系に生まれた人から見ると、文化の底が非常に浅く感じられ、安っぽく見えたり、偽物《にせもの》に見えたりします。そういうところを見間違えるのです。

一方、庶民《しょみん》として生まれた人で、たまたま留学や駐在《ちゅうざい》の機会が与《あた》えられて、アメリカが繁栄している姿を見た人は、そこにヒントを感じ、「あらゆる人間に発展・繁栄のチャンスがあるのだな。そういう社会をつくれるのだな」というように考えるのです。

ところが、連綿と続く良い家系などに生まれると、貴族の伝統がないような国を見下したりすることもあります。そういう人のなかには、身分が低く見えるのに、偉そうに言うことを許せないと感じる人もいるのです。

ちなみに、イスラム教の過激派も、アメリカを許せないタイプでしょうが、彼《かれ》らにも、「イスラム圏《けん》の伝統や歴史は長く、アメリカのように、建国わずか二百年余りの若い国とは違う。われわれは古い伝統と文化を背負っているのだ」というような気持ちがあるのかもしれません。

「神はアメリカにはムハンマド（マホメット）を送っていない。われわれは、世界宗教の指導者を出したという伝統を負っている」というプライドがあるにもかかわらず、現実には、イスラム圏は貧しい状態に置かれています。

要するに、貧しいイスラム圏が、〝にわか成金〟のアメリカ人に対し、反発を感じているところがあるのです。

したがって、イスラム圏とアメリカの対立については、いろいろな観点から総合的に考えなければならないと思っています。

政党政治の本来のあり方を取り戻《もど》せ

小沢一郎《おざわいちろう》氏については、確かに剛腕《ごうわん》なところがあり、すごい破壊力《はかいりょく》がありますが、この人の内部にも、やはり、非常に屈折《くっせつ》したものがあると思われます。特に感じることは、「小沢氏は、少なくとも、ステイツマンとしての政治家ではない」ということです。明らかに、ポリティシャンとしての政治家、つまり政治屋です。

例えば、先の衆院選では、民主党の立候補者に対し、「街頭演説等をやっても時間の無駄である。自分の名前と党名ぐらいを簡単に言い、数分たったら別の場所に移動して、できるだけ接触《せっしょく》面積を増やせ」とか、「演説をしないで、握手《あくしゅ》をして回るだけでもよい」とか、そういうことばかりを指導していました。本当に理想というものが感じられません。

小沢氏は哀《かな》しい政治屋であると私は思います。そういう人を、あまりに高く評価してはいけません。やはり、政党政治の本来のあり方としての、「自由」と「民主主義」の尊さを取り戻《もど》さなければいけないと思います。

さらには、「理屈《りくつ》どおりにいかない繁栄というものがある」ということを知らなくてはいけません。それは、トックビル（フランスの政治学者〔一八〇五〜五九〕）が見たアメリカの民主政治と同じものです。「なぜかは知らないけれども、民衆に活気があり、繁栄していく世界」というものがあり、こちらの世界観のほうを大事にしなければいけません。

ルソーなどの影響《えいきょう》を受けた、フランス革命等の「理性主義的な民主主義」のなかには、危険なものが潜《ひそ》んでいて、実は、ロシア革命や中国革命で起きた大量粛清《しゅくせい》につながっていくものがあります。

冷たい理性主義が流行《はや》ると、自分たちの理論や考え方と合わない者を処刑《しょけい》し、粛清していくようになるのです。これに気をつけなければいけません。

やはり、「多くの人たちの智慧《ちえ》を引き出し、繁栄を導いていく」という、自由主義を守ることが大事です。

そして、そのなかに、「社会に対する責任、国家に対する責任、あるいは家族に対する責任、こういう責任を負う」という自覚を持ったときに、それが「保守」となるのです。自由と保守とが結びつくわけです。

今、日本において、自由政党も保守政党もなくなろうとしています。

しかし、最も伝統的で古く見えるものが、

実は、最も新しく、未来につながるものなのです。

日本が、ここ百数十年の間、努力し、成功してきたことは、

間違ってはいません。

その改善のなかに未来はあるのであり、

逆行のなかに未来はありません。

幕藩《ばくはん》体制や平安時代に戻すことが未来ではないのです。

日本国民は、それを知らなくてはいけないと思います。

第4章

日本沈没を防ぐために

1　明らかになりつつある国難の正体

日本国民は「最悪の選択《せんたく》」をした

二〇〇九年の夏に私が行《おこな》った街頭演説をまとめたものが、『街頭演説集』（全五巻〈幸福実現党刊〉）として発刊されています。

その第一集は『新しい選択』であり、池袋《いけぶくろ》、渋谷《しぶや》、新宿《しんじゅく》での街頭演説（六月二十五日）と、京都《きょうと》、滋賀《しが》、兵庫《ひょうご》での街頭演説（八月十八日）が収められています。

同書には、私自身が政治に直接かかわるとは思っていなかった時点での、街頭演説の第一声も含《ふく》まれていますが、その内容は、現時点から見ても、基本的には間違《まちが》っていません。

幸福実現党が主張していた政策が行われていれば、国難は来なくて済んだのですが、残念ながら、しだいに国難の正体が明らかになりつつあります。

一般《いっぱん》に、商業の世界、商売の世界では、お客さまは「神様」であり、お客さまのことを悪く言ってはいけないことになっています。しかし、宗教の世界では、神と人間は立場が明確に違いますし、政治の世界でも、政治的リーダーは、ときには国民を叱咤激励《しったげきれい》しなければいけない立場にあります。

国民の機嫌《きげん》を取るだけであれば、いわゆるポピュリズム（大衆迎合《げいごう》）であり、単なる人気取り政策になってしまいます。しかし、ときには厳しいことも言わなければならないのが政治的指導者の立場であるのです。

その意味で、忌憚《きたん》なく、腹蔵《ふくぞう》なく、あるいは、一部に差別的言辞《げんじ》を含んでいるとしても、あえて、はっきり述べておきたいことがあります。

それは、「日本国民は、愚《おろ》かであった。最悪の選択《せんたく》をした」ということです。あれほど「危ない」と警告し続けたのに、国民は、いちばん悪い選択を、いちばん悪いかたちでしてしまいました。

先の衆院選で、たとえ民主党が勝つとしても、せめて、すれすれで勝つぐらいにしておくべきところを、なんと三百議席を超《こ》える圧勝にしてしまいました。参議院であと何議席か取れれば、民主党が勝手に独自で何でもできる寸前まできたのです（二〇一〇年三月現在、社民党抜《ぬ》きで過半数を確保）。

未来の日本国民からは、「あの時代の日本人は、愚かであった」と、確実に烙印《らくいん》を押《お》されるはずです。「あの十年がなければ、われわれは、どれほど楽だったか」と、おそらく言われるようになるでしょう。

そして、「日本に国難が来るということを、はっきりと予言していたところがあった。幸福実現党という政党が、それを止めようとしていた」という事実を、歴史の証人として知っている人がいてもよいと思います。

しかし、日本の各種マスコミは、幸福実現党の記者会見や講演会などに取材に来ていたにもかかわらず、一部の週刊誌やスポーツ紙などの小さな記事以外では報道しませんでした。主要紙と言われる信用のあるところは、ほとんど報道しなかったのです。

私は、「国難に加担した」という、日本の主要なマスコミの罪を、断じて忘れることができません。もし、マスコミが公正に報道していれば、国難をもう少し減らすことはできたはずです。見識のある人が幸福実現党の主張を理解しえていたならば、国難を事前に防ぐことも可能であったでしょう。

民主党政権の矛盾点《むじゅんてん》は、幸福実現党が選挙前から指摘《してき》していた

幸福実現党は、二〇〇九年の衆院選において勝利することはできませんでしたが、少なくとも正義を貫《つらぬ》いたつもりです。

もちろん、そのために大きな代償《だいしょう》を払《はら》いました。幸福の科学の宗教法人としての威信《いしん》や世間的な信用におけるマイナス、その他《た》さまざまな批判等、大きな代償を払ったのです。それでも、「『正しいものは正しい』と、損得を考えずに、言うべきことは断固として言う」という精神を貫きました。

その意味において、幸福実現党は、日本という国に殉《じゅん》じたつもりです。「たとえ、われら滅《ほろ》ぶとも、この国、滅ぼすまじ」という気持ちで立党したのが幸福実現党なのです。

残念ながら、得票率は一、二パーセントのレベルにしか届きませんでしたが、少なくとも、その声は、もっと多くの人に聞こえていたはずです。幸福実現党の主張は、部分的ではあっても、数千万人の人々に聞こえてはいたはずなのです。

今、政権与党《よとう》の政治において、さまざまな矛盾点《むじゅんてん》が出ていますが、マスコミが批判する論点のほとんどは、すでに幸福実現党が選挙前に指摘《してき》した視点からの批判になっています。これを「先見性」と言うのです。彼《かれ》らの政策の矛盾点は、現実に起きる前に分かっていたのです。

〝後見性《こうけんせい》〟という言葉があるかどうかは知りませんが、起きてしまってから分かることを仮に〝後見性〟と呼ぶならば、今後、そういう「後見性のある人」が、ようやく幸福実現党の主張を認め、それを用いて民主党政権の問題点を指摘するようになるでしょう。現実に、二〇〇九年九月以降は、民主党政権についての批判が出始めていますが、そのほとんどは、幸福実現党が主張してきたことと軌《き》を一《いつ》にした内容であると感じます。

外交問題から逃《に》げずに意見を述べた幸福実現党

特に述べておきたいことは、「幸福実現党は、選挙の票には非常になりにくい外交問題について、はっきりと意見を言っていた」ということです。選挙戦のときに、自民党も民主党も逃《に》げていた外交問題について、かなりはっきりとした意見を述べていました。

おそらく、それが票を減らした原因の一つだろうと推測しています。あそこまで言わなければ、もう少し票を取れたのかもしれません。よその党が、「外交問題は票にならない」と考えて逃げているのに、その問題から逃げなかったことが、おそらくは得票数を減らしたのでしょう。

しかし、嘘《うそ》を言うわけにはいきません。事実は事実であり、言わなければいけないことなので申し上げたのです。

北朝鮮《きたちょうせん》は、一時、とても弱気になり、融和的《ゆうわてき》な態度も見せましたが、二〇〇九年十月には、ミサイルの発射実験をまた五発ほど行い、さらに、使用できなくなっていた核施設《かくしせつ》が、「すでに核開発ができる状態になっている」ということを言い出して、アメリカとの交渉《こうしょう》に臨《のぞ》む態度を見せています。

そうすると、まもなく、日本は北朝鮮の核兵器の支配下に置かれることになるわけです。幸福実現党が言っていたとおりの事態が、もうすぐ起きてきます。

もし、核兵器の発射実験まで行われた場合には、最後の段階だと思わなければなりません。核を搭載《とうさい》したミサイルの発射実験まで行われたら、それがどこに向けて撃《う》ったものであっても、一億三千万人の日本国民の生命は、彼らの掌中《しょうちゅう》にあり、担保に取られたことになります。北朝鮮のミサイルは日本までわずか十分ほどで飛んでくるので、今の政府の判断能力では、どうすることもできないでしょう。

テレビの報道番組等でも、「現政権は特に外交・軍事が弱い」と言っていますが、まさしく、その外交・軍事がいちばん弱い政党を、いちばん大事な時期に、日本国民は政権政党にしたわけです。

したがって、「この国民が愚かでなくて、いったい、どこの国民が愚かなのか」と言わざるをえないと思います。

2　戦争の危機を招く「友愛外交」

東アジア共同体がもたらす「日米戦争」の危険性

しかも、日本の危機をさらに上塗《うわぬ》りするような事態が起きています。

選挙戦において、幸福実現党は、鳩山《はとやま》民主党の危険性をずいぶん指摘《してき》していました。特に、「外交面での危険性がかなり高い」ということを、最初から最後まで、一貫《いっかん》して矛盾《むじゅん》なく訴《うった》え続けたのは、幸福実現党だけだと思いますが、今、そのとおりの現実が起きてきています。

鳩山首相は、国連演説等を通して、自分もオバマ大統領の核廃絶《かくはいぜつ》演説などと同じようなレベルのことをしているつもりでいるのでしょうが、大きく外《はず》れている部分があります。鳩山首相の心のなかにあるものは、実は、向かっている方向が違《ちが》うのです。

彼《かれ》は、「東アジア共同体をつくりたい」ということを言っており、「その東アジア共同体にアメリカをかかわらせるかどうか」という議論もしています。

また、「対等な日米関係」ということも言っていますが、「対等な関係」とはどういうことかといえば、基本的には、「国と国との独立した関係」ということです。要するに、対等な関係とは、「いざというときには戦争もできる関係」のことなのです。それを見抜《みぬ》かなければなりません。マスコミは、まだそれをはっきりと見抜いてはおらず、報道もしていません。

要するに、鳩山政権になって、初めて日米戦争の可能性が出てきたのです。今までの自民党政権下では、日米戦争の可能性はゼロでしたが、その可能性が、とうとう出てきました。これは私が予想したとおりです。

どのようなかたちで日米戦争が起きるかというと、それは、「日本と中国が組んで、アメリカと戦う」という図式です。これが可能性として出てきているのです。選挙の時点では誰も予想していなかったことでしょうが、ついに恐《おそ》るべきシナリオが出てきたのです。

鳩山《はとやま》政権の目指すものは「中国による属国化」

経済力では、もうすぐ、日本はGDP（国内総生産）で中国に抜かれると予想されます。そして、このままであれば、日本はあっさりと中国の「核の傘《かさ》」のなかに入り、属国化する可能性があります。

もし、「東アジア共同体」がつくられ、東アジアの国が一緒《いっしょ》になるとしたら、「どの国がリーダーになるか」を決めなければいけません。

その場合、軍事力の弱い国は、軍事力の強い国には絶対に勝てません。東アジアで核兵器を持っている国はどこでしょうか。最も多く持っているのは中国であり、次が北朝鮮《きたちょうせん》です。したがって、中国がリーダーになるはずです。

つまり、「日本は、中国の腰巾着《こしぎんちゃく》として、経済交流ができることをもってよしとする。中国に物を買っていただくことで、その繁栄《はんえい》のお相伴《しょうばん》にあずかる」というスタイルが、鳩山《はとやま》政権が目指しているものなのです。

鳩山首相は、「自分はオバマ大統領と同じだ」と思っているかもしれませんが、ここが、だんだんずれてこようとしています。恐るべきことですが、同じ「民主党」を名乗っていても、違うものを目指しているのです。

おそらく、鳩山首相の頭脳では、オバマ大統領がアフガニスタンにあれほど爆撃《ばくげき》を加えている最中《さいちゅう》であるにもかかわらず、ノーベル平和賞を受賞した理由が分からないでしょう。戦争をしている人がノーベル平和賞を受賞する理由が、鳩山首相には分からないはずです。

世の中には「正義」というものがあり、それが善悪を分けています。「正義のための戦いと、悪のための戦いがある」というのが世界標準の考え方なのです。

ところが、それが分からないのが日本人です。「戦いは、全部、悪であり、平和は善である」という考え方をします。そのため、インド洋での給油問題から始まり、アフガン支援《しえん》、ソマリア沖《おき》の海賊《かいぞく》対策支援など、さまざまな問題で揉《も》めているのです。

日米安保を破棄《はき》すれば戦争の危険が高まる

鳩山首相は、「日米安保条約の改定五十周年を境にして、日米同盟のあり方を包《ほう》括的《かつてき》に見直したい」というようなことを言っていました。「五十年を機に包括的に見直す」とは、実は、非常に恐ろしいことを言っているのです。

これは、日米安保の破棄《はき》もありうることを意味しています。「もし、日本が望むような対等な関係での契約《けいやく》にならない場合は、日米安保の破棄がありうる」ということです。

「五十年を一つの区切りとして、包括的に見直す」という鳩山首相の発言は、「日本の思惑《おもわく》と合わなければ、日米安保が五十年目でなくなる可能性がある」ということを意味しているのです。

似たようなことを日本はかつて経験したことがあります。それは日英同盟の破棄です。日英同盟を結んでいた期間中、日本は戦争に負けませんでしたが、日英同盟を破棄したあと、初めて戦争に敗れました。もし、日英同盟を破棄せずに死守していたならば、日本はアメリカと戦争をすることはなかったはずです。それは間違いありません。

それと同様に、今、日本が日米安保を破棄すれば、日本は戦争に巻き込《こ》まれます。平和の象徴《しょうちょう》である「鳩」という名前に騙《だま》されて、そちらのイメージのほうに引っ張られていますが、現実は、むしろ戦争の危険が増そうとしているのです。

日米安保が存続し、日米が組んでいる間は、日本に戦争は起きません。日本の経済力と、アメリカの経済力および軍事力を合計すると、今、地球上でこれに対抗《たいこう》できる国はないので、戦争は起きないのです。

一方、「日米同盟を分断したい」と思っている国はどこでしょうか。それは、中国と北朝鮮です。東アジア共同体をつくり、日米同盟が分断されることになったならば、得をするのは間違いなく中国と北朝鮮です。「共同して東アジアを守る」という名目が立ち、アメリカの攻撃《こうげき》から自分たちを守ることができるからです。

「東アジア共同体をつくることで、ＥＵのように、東アジアを共同で防衛しよう。食料防衛から軍事防衛まで、全部、一貫して行おう。貿易圏《ぼうえきけん》をつくって経済防衛をし、東アジアだけで独立できるようにしよう」ということは、一見、よいことのようにも思えます。

しかし、これは戦争が起きやすい「ブロック体制」なのです。世界のなかに、こういうブロック体制が幾《いく》つかできたときに、そのブロック同士がぶつかり合い、戦争が起きる可能性が高まるのです。

国民の目には、どちらかというと、鳩山首相よりも麻生《あそう》前首相のほうが非常にタカ派で怖い人のように見えたかもしれません。

麻生前首相は、二〇〇九年八月に、「北朝鮮が核実験をするのであれば、日本も核武装をするが、よいか」とアメリカに打診《だしん》をしています。それに対してアメリカは、「アメリカが日本を守るから、思いとどまってほしい」と言って、なだめたようです。

その麻生氏よりも、実は鳩山氏のほうが怖いのです。鳩山政権になって、かえって戦争の起きる可能性が高まってきています。

アメリカは中国との戦争を恐《おそ》れている

もし、日本と中国、そして北朝鮮の三国間同盟ができたとして、それで、アメリカと戦って勝てると思うでしょうか。

人口では勝てますが、現代の戦争は竹槍《たけやり》で戦うわけではありません。単純な竹槍戦ではなく武器効率の戦いなので、武器の性能が重要なのです。武器の性能に大きな差がある場合には、どうにもならないのが現代戦の特徴です。

アメリカには宇宙からも攻撃できるだけの技術力があるので、戦力には格段の差があります。

一方、中国のほうは、「大陸間弾道弾《だんどうだん》でアメリカの主要都市を攻撃できる」という態勢をつくり、アメリカに対抗しています。

例えば、中国が、ワシントンやニューヨークなどの主要都市に、大陸間弾道弾を十発撃《う》ち込んだとしたら、アメリカ側では十発全部は撃ち落とせない可能性があります。一発でも命中すれば、かなりの被害《ひがい》が出るので、アメリカはそれが怖いのです。

アメリカと中国が核戦争をしたら、アメリカには五千万人ぐらいの死者が出る可能性があります。アメリカ人にとって、「国民が五千万人も死ぬ」というのは耐《た》えられないことなので、アメリカの人たちは「中国と戦争をすることはできない」と考えています。

現に、二〇〇一年九月に起きた同時多発テロでは、ワールドトレードセンターで三千人ぐらいが亡くなり、あれだけの大騒動《おおそうどう》になったわけなので、それと比べても五千万人というのは大変な数です。

一方、中国のほうでは、国家のトップが、「わが国は、数千万人ぐらいが死んでも平気である」というようなことを言って、開き直っています。

中国の人口は、公式発表では十三億人余りですが、戸籍《こせき》が必ずしも正確ではないので、本当は十四億人か十五億人ぐらいいるかもしれません。そのため、たとえ都市部で一億人ぐらいが死んでも、中国には広大な農村地帯があるので、国民のほとんどは生き残ります。

したがって、中国はアメリカにいくらでも核ミサイルを撃ち込めるのです。「アメリカと核戦争をして、双方《そうほう》で撃ち合っても、滅《ほろ》びるのはアメリカのほうだ。中国は、人口が半分の七億人になったとしても、すぐに十億人に戻《もど》るので、心配ない」というわけです。

これが中国の立場です。ある意味で、開き直る強さを持っています。北朝鮮がアメリカに対して強気で交渉《こうしょう》をしている理由も、後ろに中国がついているからでしょう。

その次に、中国は日本の資金力を吸い取りに来ます。そして、ドルが世界の基軸《きじく》通貨としての信用を失い、ドルに替《か》わって人民元《げん》が世界の基軸通貨になることを狙《ねら》っています。軍事と経済の両面で世界の頂点に立つことが、中国のこれからワンゼネレーション（一世代）の目標なのです。

「友愛」という善意が戦争の危機をもたらす

このように、鳩山政権の流れは、中国の核の傘のほうに入っていこうとしています。先の衆院選前から、私は、この大きな流れについて指摘し、その危険性を警告していたのですが、案の定、彼は、東アジア共同体ということを言い出しました。最終的には、中国や北朝鮮がアメリカと戦争をする際に、いつの間にか、日本は中国や北朝鮮の応援をさせられる立場になっているかもしれません。これは、近いうちに起きてくる可能性があり、二〇一〇年度中にも、その危機の序章が始まるかもしれないのです。

しかも、こういう危機が、まったくの善意で起きているから怖いのです。戦争を起こしたくて悪意でやっているのなら、それなりに理解はできますが、鳩山氏の場合、善意でやっているから怖いのです。

鳩山氏は「友愛」を唱えています。これは、フランス革命における、「自由、平等、博愛」の「博愛」、つまりフラタニティ（fraternity）のことですが、そうした友愛を唱えていながら、戦争のほうへと向かおうとしているから怖いのです。本人は、その帰結するところが見えていません。気の毒ですが、それだけの見識がないのです。

しかし、そのような人を、こういう時期に、一国の代表として選んだのは国民です。麻生前首相の顔が気に食わなかったのかもしれませんが、民主党はあれほどの議席を取りました。参議院のほうでは、まだ単独過半数は取れていませんが、それでも、民主党だけで法案をつくろうとすれば可能な状態にあります。

民主党は、最初、「もし参議院で法案が否決された場合、自分たちは、自民党がやったように、衆議院で再議決して通すようなことはしない」と言っていましたが、どうなるかは分かりません。

今後四年間は、民主党だけでいくらでも法案を通せる状況《じょうきょう》にあり、いかなる法律でもつくることができます。これは、かなり怖いことです。

鳩山首相の唱える友愛外交が、あっという間に全体主義的な方向へと動き始めていることを私は感じます。

3 「大きな政府」を目指し、社会主義化する日本

政治家主導の名の下《もと》に「情報統制」が進められている

民主党政権では、政治家主導を掲《かか》げて、民主主義的な体制であるように見せています。そして、実質上、「官僚《かんりょう》には答弁をさせない。意見を言わせない」というかたちにしています。しかし、これは、政治家のところで情報操作ができることを意味します。

国家公務員たちは、ある程度、嘘《うそ》をつくことはありますが、追及《ついきゅう》されたら、資料や情報をどうしても出さざるをえず、隠《かく》し通すことはできません。ところが、政治家主導になると、政治家のところで情報統制をすることが可能になるので、非常に危険な体制が生まれ、「国民は、本当のことを聞けない。取材もできない」という

ことになります。今、国民の「知る権利」が封《ふう》じ込《こ》められようとしているのです。

さらに、陳情《ちんじょう》についても、小沢《おざわ》幹事長のところで一元化しようとしています。

このように、全体主義的な社会主義政党の姿がはっきりと見えてきていますが、それは、そうした価値観を肯定《こうてい》するものが裏にあるからだと思います。

その背景にあるものが何であるかは、鳩山《はとやま》氏の表面意識だけでなく深層心理まで見なければ分からないでしょう。私が、彼《かれ》の深層心理を見るかぎりでは、この人にはアメリカに対する深い怨恨《えんこん》があるようです。憎《にく》しみや恨《うら》み、自分が害を受けた感覚が何かあるのだろうと推定しています。

鳩山首相のこうした感情と、小沢幹事長の全体主義的な傾向《けいこう》とが一体化し、この国が違《ちが》う方向に動き出そうとしているのです。

公共インフラの整備が本当に無駄《むだ》なのかは立証が必要

また、鳩山内閣は、百四十三カ所のダム建設の見直しから、新幹線の整備が予定されていた区間の見直し、空港整備の見直しなど、次々と公共事業を中止する政策を打ち出しています。

これは、はっきり言って、建設的な政策ではありません。「無駄金《むだがね》をなくす。無駄な予算をカットする」と言っていますが、そうではないはずです。ほかにお金を使いたいものがあるから、公共事業をカットしようとしているのでしょう。

しかし、八ッ場《やんば》ダムのように、七割がた完成しているダム建設を中止することは、無駄金をなくすことには必ずしもなっていません。「ダムが無駄である」と言うのであれば、それを科学的に立証する責任があります。

このダムは、国が六十年も前から、「ダムが必要である」と考えて、計画を進めてきたものです。住民の移転のために新たに住居までつくっていたものを、なぜ、補償金《ほしょうきん》を払《はら》ってまで途中《とちゅう》で中止しなければいけないのでしょうか。その点について科学的立証が必要だと思います。

「今後、首都圏《しゅとけん》およびその他《た》の地域に〝水がめ〟がなくても、水不足等が起きないという保証はあるのか」「今後、水力発電は本当に必要がないのか。それで電力の供給は可能なのか。水力発電以外のいかなる手段によって電力の供給を確保するのか」ということです。

もし、火力発電で電力を賄《まかな》うなら、石油を使うので、今後もシーレーン（海上交通路）をしっかりと確保できなければ危険ですし、原子力で電力を賄うならば、それをはっきりと明言しなければいけません。

しかし、コンクリートをあれだけ憎んでいる鳩山首相が原子力発電所をたくさんつくるとは、にわかには考えられません。水力発電を行うダム建設を中止する替《か》わりに原子力発電所を百四十三基もつくるとは、私には、とうてい考えられません。

それから、空港や新幹線の整備を凍結《とうけつ》することも、結局のところ、経済発展を遅《おく》らせるだけであると思います。

長崎《ながさき》新幹線の問題も俎上《そじょう》に上がっていて、民主党政権からは、「計画の見直しをする」という話が出ています。

しかし、東京から長崎へ行こうとすると、「福岡《ふくおか》までは近いが、長崎はとても遠い」と感じます。私は、日本全国の幸福の科学の支部を巡錫《じゅんしゃく》していますが、長崎を訪れたのは最後のほうでした。それは、やはり交通が不便だからです。そのように、不便で遠く感じる所は、北海道など、ほかにもたくさんあるはずです。

そういう不便な地域はまだたくさんあるので、採算だけでは判断できないのです。国民を本当の意味で平等な水準に引き上げようとするのであれば、インフラの充実《じゅうじつ》は非常に大事です。そういう公共インフラの整備は、政府および地方公共団体が一緒《いっしょ》になってやらなければできないものです。

このへんについて、本当に無駄金であったかどうかの立証ができていません。

授業料の無償化《むしょうか》は教育レベルの低下を招く

結局は、「お金を使いたいところが別にあった」ということでしょう。それは何かといえば、福祉《ふくし》や教育関係です。

特に、民主党のなかに日教組の〝親分〟がデンと構えているので、教育については、すでに、それがはっきりと出てきています。

以前、自民党の安倍《あべ》政権下で教育改革をしようとしたため、それに対する反発から、日教組系が団結して民主党の応援《おうえん》に回り、高校の授業料無償化《むしょうか》を推進しようとしています。さらには、高校だけでなく、できれば大学も無償化したいと考えているようです。

ただ、「肝心《かんじん》の教育の内容はどうするのか」という問題があります。「授業料がタダなら、教育のレベルが低くても許されるので、教師はもっと楽ができる」という安易な方向に流れるおそれがあります。そうすると、無償化のためのお金はまったくの無駄金になります。これは恐《おそ》ろしいことです。

教育の内容が良いのであれば、それは無駄金ではなく、立派な投資になります。国民が素晴《すば》らしくなり、活躍《かつやく》する人材になって、国家が発展するならば、それは良い投資なので反対はしませんが、もし無駄金になるようなら、無償化には反対です。

日教組が学校教育を仕切っている今の流れのなかで、教育を無償化しようとしていることに、私は非常な危機感を覚えます。これは、教師に対して、「もっとサボってもよい」というメッセージを出しているのと同じだからです。有料であれば、やはりサボれないのです。

都市部の家庭では、年間百万円以上の高い授業料を払ってでも、私立の中学や高校に子供を入れたがります。それはなぜでしょうか。

生徒一人から年間百万円以上の授業料を取っていて、もし教育の内容が悪ければ、親は黙っていません。私立校ならば、「この進学実績は何ですか。年々、悪くなっているではありませんか。先生はサボっているのですか」と言って、親が怒鳴《どな》り込んできます。

ところが、公立校では、進学実績さえ発表しないところがたくさんあります。

「そういうことは、個人のプライバシーに触《ふ》れるので、発表しません」と言って、「子供の成績が、良くなっているのか、悪くなっているのか」ということが分からない学校がたくさんあります。

「激しい受験競争はよくない」という言い方は、一面では当たっていますが、それを、「教師は腕《うで》を上げる必要がない」という意味で使うのなら、それは間違いだと思います。

もし、「教育のレベルが上がることは間違いだ」という観点を、最終的な結論として持っているならば、教育そのものが必要のないことになるでしょう。

「塾《じゅく》を学校として認める」という選《せん》択《たく》肢《し》もある

学校教育については、もう一つの選《せん》択《たく》肢《し》があります。それは、学校に行かなくてもよいことにするのです。評論家の渡部昇一《わたなべしょういち》氏などは、「塾《じゅく》を学校として認めればよい」と主張しています。

例えば、中学や高校では、いじめがたくさんあります。そうした、いじめがある学校では、「もう学校に行くのは嫌《いや》だ」と言っている不登校の子がたくさんいます。

そういう子には、「学校に行かなくても、塾に行けばよい」ということにすればよいのです。もし、塾に行ってもいじめがあった場合には、ほかの塾に移れば済むだけの話です。

そして、塾に行き、一定の学力認定試験を受け、卒業レベルの学力があると認定されたら、「中学を卒業したものとみなす」「高校を卒業したものとみなす」「大学入学資格があるものとみなす」というようにすれば、学校に行かなくてもよくなります。

学校でいじめや暴力が流行《はや》り、非行に走る子、不良などがたくさんいるのであれば、学校に行かなくてもよいと思います。「嫌な学校なら行かなくてもよい」ということにすれば、教育費の補助などは、なくても構わないでしょう。

「学校に行きたくなければ、塾に行っても構わない。そして、一定の学力認定試験を受けて、それに通れば、中学や高校を卒業したものと認める」という選択制にすれば、学校への補助金がなくてもやっていけるわけです。

私は教育の問題についても非常に危惧《きぐ》しています。

民主党政権が続くと、日本は経済大国から転落する

年金や老人福祉の問題については、まだ、はっきりとは道筋が見えていないので分かりませんが、おそらく、鳩山内閣が理想としているのは北欧型《ほくおうがた》の福祉国家ではないかと推定されます。

そうすると、国民所得に対する税と社会保障費の負担率（国民負担率）は、五十パーセントぐらいに向かっていくと予想されます。今の政府は、そういう「大きな政府」を目指していくはずです。

独裁国家は、えてして福祉を標榜《ひょうぼう》したりするものです。そうすると、いかにも良い国家であるように聞こえるからです。

まだ確証はありませんが、鳩山内閣も、おそらく、表向きは聞こえのよい方向に向かうのではないかと思います。

しかし、このままでは、日本経済はシュリンク（縮小）していくことになるでしょう。世界第二位の経済大国が、第三位、第四位へと転落していき、さらに、この路線が続いていくようなら、下手をすると、あっという間に、十位、二十位へと落ちていくでしょう。

国をどのような方向へ持っていくかは、国のトップの考え方一つなのです。日本は、やはり発展を目指すべきです。そう心に決めなければ、そのようにはなりません。

民主党政権の最大のネックは、外交戦略がないことと、国家としての成長戦略がないことです。というのも、鳩山氏自身は、「自分が総理に一回でもなれたら、それで満足だ」と考えているからでしょう。「鳩山家の人間として、たとえ一日でも総理になれたら使命が果たせた」ということであり、そのツケはあとに回すつもりでいるのだと思います。

一方、自民党のほうには〝救世主〟がいません。今のところ、国を救えるような人材が見当たらないので、国難はまだまだ続くと推定されます。

4 強力な積極財政で日本沈没《ちんぼつ》を防げ

〝タイタニック〟のように沈《しず》んでいく日本経済

二〇〇九年の総選挙において、幸福実現党が主張していたことは、決して間違《まちが》っていません。

ただ、幸福実現党は消費税の廃止《はいし》を掲《かか》げて選挙を戦いましたが、民主党政権の政策により、構造不況《ふきょう》の長期化や国の財政赤字の増大が不可避《ふかひ》の流れとなっているため、消費税全廃《ぜんぱい》政策については慎重《しんちょう》に検討せざるをえなくなっています。

二〇〇九年夏の段階であれば、消費税の廃止によって消費景気を起こし、景気の浮揚《ふよう》、拡大に入れるチャンスがありました。しかし、公共投資をあれだけ中止していけば、確実にゼネコン不況が始まります。

さらに、現政権は、銀行不況を引き起こしかねないような金融《きんゆう》モラトリアム法を制定しようとしました（最終的には、罰則《ばっそく》を伴《ともな》わない内容の「中小企業《きぎょう》金融円滑《えんかつ》化法」が制定された）。

経済の根幹の部分がどんどん詰《つ》まってくるので、大きな構造不況が起こり、消費税を廃止するぐらいでは救えないレベルまで突入《とつにゅう》すると思います。

これは、もっと根本的な対策を採らないかぎり、救いようがないレベルです。民主党政権誕生前なら、消費税全廃によって景気を浮揚させ、好景気へと流れを持っていくことができたのですが、このまま進んでいくと、とてもそれでは済みません。

もちろん、民主党の政策をすべて止《や》めさせなければ駄目《だめ》ですが、それ以外に、積極的な、あらゆる策を講じないかぎり、いったん沈んだ〝タイタニック〟を引き揚《あ》げることは至難の業《わざ》です。

民主党とは正反対のことをやらなければいけません。「次々と新しいものをつくり、新しい雇用《こよう》や新しい産業を生み出す」という、そうとう強力な積極財政を実行しないかぎり、日本経済が立ち直ることはできないでしょう。消費税廃止ぐらいのレベルでは、とても間に合わない段階まで来ています。

景気を浮揚させるだけの積極財政を行うためには、かなり巨額《きょがく》の投資が必要になります。鳩山《はとやま》政権が実行する政策は、採るべき方向とはまったく正反対のものなので、そのマイナス分も含《ふく》めると、ものすごく巨額な投資が必要になってきます。

そのため、国家の財政赤字は、今以上に膨《ふく》らまざるをえません。今よりもっと大きな赤字が出るでしょうが、それをしないかぎり、日本の沈没《ちんぼつ》は避《さ》けられず、さらに深く深く沈んでいくことになるのです。

通貨の供給量を増やして「人工インフレ」を起こす

今、積極的な政策として行うべきことは何であるかといえば、まず、通貨の供給量を増やすことです。これが、いちばん先にやらなければいけないことです。

現在、日本はデフレですが、とにかくインフレ傾向《けいこう》に持っていかなければ駄目なので、とりあえず「人工インフレ」をつくるしかありません。消費税廃止だけでは足りないので、ある程度、「インフレが起きた」と見なされるまで、市場に通貨を供給し続け、ジャブジャブの状態にしなければいけません。

もし、日銀がこういうインフレ政策を行わないのであれば、日銀以外のところでやるべきです。幸福の科学が提唱しているように、メガバンクから銀行紙幣《しへい》を発行してもかまわないし、あるいは、日本国政府から発行してもかまいません。

とにかく、ある程度の擬似《ぎじ》インフレをつくらなければ、この状況は乗り切れません。このままでは、日本経済がすべての面でどんどん縮んでいくので、これを膨らませるためには、まずインフレを起こさなければ駄目なのです。

そして、インフレを起こしたあと、経済が実体を伴《ともな》うために、新しい資金の供給に見合った産業を育成することが大事です。

金融《きんゆう》工学の失敗を乗り越《こ》え、未来資本主義への道を拓《ひら》け

それから、現政権は、第三次産業以降の世界をまったく理解していないと思われます。基本的に、「マネーゲームのようなものは悪だ」と思っているのでしょう。アメリカが、先端《せんたん》産業の金融《きんゆう》工学で一度失敗したからといって、それですべてが終わりということではありません。何であれ、新しい分野では、失敗は付きものなので、そこから反省をして、次の道を拓《ひら》かなければいけないのです。

一度や二度、金融工学で大きな失敗をしたからといって、それで終わりではないのです。これは未来資本主義の姿なので、次の道をどうしても考えなければいけないのです。

今回の失敗を乗り越《こ》えていかなければなりません。なぜ失敗したのかを研究し、次は失敗しないようなかたちで、経済を大きくしていく方法や、成功者を出していく方法を考えなければならないのです。それを言っておきたいと思います。

5 この国を悪魔《あくま》に明け渡《わた》してはならない

幸福実現党が過去に主張してきたことには一点の誤りもありません。

その意見を聞かなかった国民は愚《おろ》かであり、国民にそれを正しく伝えなかったマスコミ人は、刑務所に入っていただきたいぐらいです。「正しいことを伝えない」というのは犯罪に等しいことであり、そのようなマスコミが公器を名乗ることは許されません。このことについては訴《うった》え続けなければいけないと思います。

まだ、やり方しだいでは、この国は沈没《ちんぼつ》せずに済みます。

私は、「日本が黄金時代を築くか、それともタイタニックのように大西洋の底に沈《しず》むかは、二〇一〇年から二〇二〇年までの十年間にかかっている」と思います。

したがって、できるだけ多くの人々に幸福実現党の趣旨《しゅし》を理解していただき、宗教法人幸福の科学が目指す「地上仏国土・ユートピア実現」の一翼《いちよく》を担うべくつくられた幸福実現党を応援《おうえん》してくださることを強く願います。

幸福実現党は、失礼ながら、社民党や国民新党、みんなの党、共産党などのような、小さな政党にはなりたくありません。もっともっと大きな政党でなければ、この国を救えないのです。ましてや、以前の公明党のように、自民党にくっついて、〝おいしいところ〟だけを取るような政党にはなりたくないのです。

「今の二大政党制そのものを壊《こわ》す」ということが、幸福実現党の目的でなければいけません。そのためにも、この二大政党制の基盤《きばん》となっている小選挙区制を壊し、新しい政党を大きく立ち上げていく必要があります。それだけの力を持たなければ、天上界《てんじょうかい》から下りている光を地上に供給することはできないのです。

現在の民主党にはたくさんの人がいるので、そのなかには立派な人が隠《かく》れているかもしれません。しかし、はっきり言って、上層部の人たちには悪魔《あくま》が入っているのです。上層部の有名な人たちを霊視《れいし》すると、ほとんどの人に悪魔の尻尾《しっぽ》が見えています。

日本の国は悪魔に乗っ取られたのです。このような悪魔の政権を断じて長続きさせるわけにはいきません。「悪魔には、絶対にこの国を明け渡さない」という覚悟《かくご》で、政治活動をしていかなければなりません。

第5章

世を照らす光となれ

1　正しさのために人生を捧《ささ》げる

「この国の未来のために戦え」という天命が下った

幸福の科学の信者をはじめ、幸福実現党の支持者のみなさんは、日夜、熱心に政治活動に取り組んでくださっています。まことにありがたいことだと思います。

私は、先の衆院選の少し前、東京湾《とうきょうわん》に面しているお台場を見に行ったのですが、ちょうど東京湾の花火大会がある日だったため、大勢の家族客が集まり、暑い昼間からシートを敷《し》いて席取りをし、花火が打ち上げられるのを待っていました。また、若いカップルが浴衣《ゆかた》姿で歩いている姿も数多く目につきました。

こうした人たちが、何の心配もなく、平和に、幸福に暮らしていける世の中を続けていけることは、非常に大切なことであると思いました。

彼《かれ》らが、何の憂《うれ》いもなく、日々の生活を幸福のうちに過ごすことができるのであるならば、ごく一部の人たちが、その陰《かげ》で「縁《えん》の下の力持ち」となり、この世の中を支え、良くし、そして、彼らの未来を正しい方向に導くように、いろいろな苦難や困難と戦いながら努力したとしても、それは、きっと、どこかで報いられると信じてやみません。

支持者のみなさんは、今、そういう楽しみからは無縁のところにあるかもしれません。世の人々が、ゆったりとしているときに、私たちが、日本の現在の危機、そして未来の危機に対処すべく、立ち上がり、戦っている姿は、まだ、ごく一部の人々にしか認められていないかもしれませんし、まだ、その真意は世の人々に届いてはいないかもしれません。

しかし、私たちは、「人々から、どう見えるか」ということよりも、「正しさのために、この人生を捧《ささ》げたい」と考えているのです。

今、私は、支持者のみなさんに、かなり難しい仕事をお願いしていると思います。

幸福の科学は、宗教法人として、二十年以上、活動し、世の人々の心を正しい方向に導くために努力してきましたが、今、「私たちの使命として、もう一段大きなものが下りてきた」と感じています。

この世的な常識で考えるとするならば、それは、まだ私たちでは任に堪《た》えない、重い課題なのかもしれません。しかし、すでに覚悟《かくご》は決めました。

「この国そのものの未来のために、この国そのものの夢の実現のために、戦え」という天命が下っているのであるならば、自分たちの非力を嘆《なげ》いてばかりいてはならないと思います。

昨年五月、幸福実現党という政党を立てましたが、スタートしてまだ三カ月にも満たない段階で、衆院選に臨みました。世間的常識から見たら、「わずか二カ月や三カ月で、何ほどのことができるか」と考えるのが当たり前であろうと思います。

ただ、「活動期間が短いことをもって言い訳としたくはない」と考えているのです。それは私たちの都合であり、決して他《た》の多くの人々の幸福には関係のないことだからです。

私たち自身が努力し、苦労することは、やむをえないことだと思っています。しかし、今、時代が風雲急を告げ、私たちを必要としているのであるならば、喜んで、この命を捧げようと思います。

信仰心《しんこうしん》と同時に、ユートピア建設の能力が試されている

幸福の科学の信者たちは、すでに、日々、宗教における伝道活動とはまた違《ちが》ったかたちでの厳しさに立ち向かっていることでしょう。厳しいでしょう。

幸福実現党は、「政治においては、決して、まだプロではない」と思われているでしょう。「素人《しろうと》に何が分かるか」と言われていることでしょう。「あなたがたのように、つい最近できた政治団体が、何十年も、あるいは十数年もの伝統を持っている政党に対して批判するのは、十年も二十年も早い」と、おそらく言われているでしょう。

あるいは、防衛問題を取り上げて、「国家の危機だ」と言っても、「そういうものは、おそらく、宗教的な、単なる幻《まぼろし》にしかすぎない。戦後六十数年、平和が続いたのだから、あと何十年かそれが続いても、おかしくない。危機が現実化したときに考えればいいではないか」と言うような、惰性《だせい》に流されている人たちの言葉に、はたして打ち勝てるかどうか、それが試《ため》されています。

その多くは「信仰心《しんこうしん》の試し」でもありましょう。

ただ、今回の政治活動においては、「信仰心の試し」であると同時に、「現実世界と立ち向かって、どれだけ、この世を具体的によくできるか。『仏国土ユートピア建設』ということを唱えているが、活動として、それをやり遂《と》げることができるか。一歩を進めることができるか。少しでも前進させることができるか」、これが試されていると思います。

幸福実現党の第一段階の戦いは「価値観の革命」

日本には、大きく言えば、十八万もの宗教団体があると言われています。それは、驚くべき数です。十八万もある宗教団体が「信者」と称《しょう》している人の人数をすべて足せば、日本の人口の二倍にもなります。

しかし、あなたがたが、日頃《ひごろ》、一緒《いっしょ》に生活をしている会社の人たちや、日常において付き合っている、いろいろな人たちと、意見を交換《こうかん》してみれば分かるように、少なくとも、〝表〟の社会において、「私には信仰心があります。私には信じているものがあります」と言い切れる人は、実際には二割か三割しかいないのが実態です。

日本人の多くが持っている信仰心なるものの現時点での実体は、ほとんどが、かすかな風習や伝統、あるいは文化的なものにすぎないのです。本当の意味における信仰心というものを十分に持ってはいません。

それは、「大多数の人たちは、まだ、この近代化した世界のなかにおいて、真実に目覚めていない」ということなのです。

たとえ、目に見える道路が、どれだけ幅広《はばひろ》く、長く、そして、その上を走る車が、いかに近代的であって、多くの人たちが豊かに暮らしているように、外見上、見えたとしても、その人生が、真実、仏法真理《ぶっぽうしんり》から離《はな》れて、間違《まちが》ったものの考え方を中心として生きているものならば、残念ながら、真昼であっても暗闇《くらやみ》のなかを歩んでいると言わざるをえないのです。

したがって、私は、真っ正面から、幸福実現党という「宗教政党」を立ち上げました。

幸福実現党の支持者たちの困難は、単に選挙における困難だけではありません。それだけでは、これほど苦労はしていないはずです。その前の段階でも苦労しているのです。この国の国論、国是《こくぜ》、国としてのあり方、その精神的な存立の基盤《きばん》そのものを問うているからです。

第一段階である「価値観の革命」のあとに、さらに、選挙を通し、現実的な政治のなかで、この世での、人々の生活のあり方、夢の語り方、未来のつくり方、こういうものをお教えし、導こうとしているのです。

このように、そのなかに二段階の戦いを含《ふく》んでいます。だから、困難なのです。また、信仰を持っている人であっても、「宗教と政治は別である」と考えていて、たとえ、信仰においては幸福の科学を信じていたとしても、政治においては、「いろいろな政党がすでにあるから、その政党のほうを信じている。その政党に、この国の未来を委ねている」と考えている人もいます。

当会の内部にも、まだまだ説明が十分に足りていないため、必ずしも幸福実現党を支持していない人も数多くいるのです。そうした人たちをも説得しなければなりません。

その意味において、幸福実現党の支持者たちは、非常に困難な日々を過ごしていると思います。

幸福の科学には「日本を救う」という強い使命感がある

しかし、私は、断じて逃《に》げないつもりです。今、天命下りて、「国難を救え」と言われた以上、立ち上がるのは、宗教として当然です。幸福の科学以外に、それをできる宗教が、今、日本にあるとは思えません。

例えば、宗教系の政党としては、創価学会のつくった公明党が、日本の国政の一部に食い込《こ》んでいました。与党《よとう》である自民党と連立して、かすかに自分たちの意見を反映させていましたが、自民党が選挙で負けたら、次は民主党とくっつくことを考えているようです。

創価学会は、このような、小さな団体をつくり、日本の政治を揺《ゆ》さぶっているレベルで、その志が止まっています。

また、その創価学会と対立関係にあり、大きな宗教であると言われている立正佼成会《りっしょうこうせいかい》も、自ら政党を立てるには至らず、「今回は民主党が勝ちそうだ」というので、勝ち馬に乗るべく、民主党を応援《おうえん》し、政治的権力を背後から支えようとしています。それが、表向きは日本を代表し、一番手、二番手に当たる宗教と言われるものの姿です。

一方、幸福の科学は、どうでしょうか。二〇〇九年四月三十日に、何もないところから、突如《とつじょ》、「幸福実現党を立党する」と決意し、その後《ご》、政党の組織をすべて立ち上げました。そして、全国で、三百五十人近い、政党としては日本最大規模の立候補者を抱《かか》え、また、政策をつくり、わずか二、三カ月の間《あいだ》に、日本全国で選挙戦を戦える態勢を整えるに至りました。

この志を見てください。この志を見れば、すでに、日本における十八万の宗教のトップにあるのは幸福の科学であることが分かるはずです。われらが、この国を救わずして、いったい誰《だれ》が、この国を救うことができるというのですか。

たとえ、どのような批判を受けようとも、どれほど嘲笑《ちょうしょう》を受けようとも、その活動がまだ未熟であって、他の人々から笑われようとも、また、既成《きせい》の政党から、

「まったくの素人が、考え違いの政策を立てて行動している」と言われても、「活動が空回りしている」と言われても、「こんなことをしていたら、宗教本体がなくなってしまうぞ」と脅《おど》されたとしても、しかし、私たちは、今、強い使命を感じているのです。

2　国防問題における戦い

敗戦後の植民地思想から自立できていない日本人

国難が近づいています。今、立ち上がり、新しい未来に向けて方針を示し、具体的な政治的力を持たなければ、この国は救えませんし、また、この国から発信される仏法真理《ぶっぽうしんり》を全世界に広げて、全世界の人々を正しい未来へ導くこともまた、不可能となってしまいます。

大きな戦いは二つです。

一つ目の戦いは国防の問題に関するものです。この問題については、繰《く》り返し申し上げているので、みなさんの耳にも入っていると思います。

国防の問題とは言いつつも、この戦いは、本当は、第二次大戦の敗戦後、植民地思想に染まり、六十数年たって、まだ自立できていない、この日本人を自立させるための運動なのです。

「日本を、当たり前の国家として、当たり前の国民として、そして、責任ある人類の一部として、正しいことは正しい、間違《まちが》っていることは間違っていると、はっきりと価値判断ができ、世界に対し、自分たちの考えを述べることができるような、自立した国家にする」という使命が背景にあります。

その上で、今、時事的な問題として、北朝鮮《きたちょうせん》の核《かく》ミサイル問題や、その他《た》、中国などの将来的な脅威《きょうい》についても、訴《うった》えかけているのです。

したがって、すべては、実は外国の問題ではないのです。「私たち、日本に住む者たちの自覚、考え方、心構えは、どうあるべきか」ということなのです。

世界第二の経済大国になって、まだ、国連頼《だの》みやアメリカ頼みで、すべてを委ね、自分たちでは何も考えない。判断しない。善悪について考えることもできない。正義について語ることもできない。他国が悪を犯したときに、それについて、コメントすることさえできない。

この状態は、まことに、まことに、「この国が植民地になる以前に、精神的に植民地のままにある」ということを意味しているのです。

責任を取るには「勇気」が要《い》り、善悪の判断には「智慧《ちえ》」が要る

私の使命の一つは、「幸福の科学の信者たちの、そして、この国の国民の精神の自立、独立を促《うなが》す」ということです。これが大きな使命の一つであると思っています。

この世的な具体的作業は、それに続いて起きてくるものです。まず、「心のなか

において何を抱《いだ》くか」ということです。「自分たちの責任というものを、はたして感じているのか」ということです。

「責任を取る」ということは、勇気が要《い》ることなのです。「善悪の判断をする」ということは、智慧《ちえ》が要ることなのです。

そして、「それを具体的行動として表す」ということは、また、実践《じっせん》が伴《ともな》う、責任と勇気を具体化する行為《こうい》なのです。

今、これまでの惰性《だせい》、六十数年間にわたる慣性の法則と戦って、その流れを変え、新しい国をつくろうとしています。大きな力が要ります。それは、まるで、流れてくる激流を逆転させるような力です。

したがって、幸福実現党の支持者たちの思いが現実化し、この流れを逆流させることが、それほど簡単なことでないことは分かっています。非常な苦難を伴うことでしょう。

しかし、これは、必ずやらなければならないことです。

これから来る「黄金の時代」を拓《ひら》くためにも、そして、その「黄金の時代」が、この国だけにとどまるのではなく、「世界各地に、その黄金の光を広める」という偉大《いだい》な使命が、今、幸福の科学に委ねられていることを信じるならば、それは、断固として、持ちこたえ、推《お》し進めなければいけないことなのです。

3　経済問題における戦い

日本の国力を衰退《すいたい》させてはならない

前節では、国防のもとになる、ものの考え方について述べましたが、もう一つ述べておかねばならないことがあります。

私は、「政府の行為《こうい》による十年不況《ふきょう》や二十年不況というものは、絶対に二度と起こさせない」という決意を持っています。

一九九〇年代に、日本は、十年以上の、長い長いトンネルのような不況を味わいました。

今、日本の同盟国であるアメリカも不況に苦しんでいます。その巨大国《きょだいこく》、超大国《ちょう》が、不況から立ち直ろうとしても、未来が見えなくて、苦しんでいます。

そのアメリカがやろうとしていることは何かというと、経済の立て直しです。アメリカの年間の国防費は、日本円で言えば六十兆円余りです。日本の十倍以上も国防費があります。したがって、これを減らすのが、財政再建をするためには最も近道です。

オバマ大統領は、平和主義を掲《かか》げ、「核《かく》兵器のない世界をつくろう。戦争のない世界をつくろう」と言っていますが、最大の狙《ねら》いは国防費の削減《さくげん》なのです。これを削減しなければ、彼《かれ》らは、今、財政を再建して経済を立て直すことができません。だから、オバマ大統領は、平和主義を掲げているのです。

一方、日本はというと、国防費は五兆円にも満たない状態です。四兆円余りです。

しかも、その半分近くは自衛隊員の人件費と食料費、その他《た》の維持費《いじひ》です。

それにもかかわらず、日本の近隣《きんりん》にある北朝鮮《きたちょうせん》や中国においては、自分の国の国民生活よりも、軍事拡大、軍事費増大に力を入れ続けています。

軍事費を一方的に増大させていく背景に国家的な目標がないということは、ありえないことです。国家的な目標が、その背景には必ずあるはずです。軍事費を増大させていけば、それは必ず侵略《しんりゃく》的行動を伴《ともな》います。未来は、そこにあります。

これに対しては、当然、言論において、そういう軍事費の増大を止《と》めるように主張するだけでなく、むしろ、軍事費の削減に入り、核兵器も減らすように言うつもりではあります。

しかし、今のところ、聞く耳は持たないようです。

したがって、日本は、「国力が衰退《すいたい》した」という状態をつくっては相成《あいな》らないのです。

アメリカも日本も国力が衰退したならば、「資本主義の考え方に問題があり、資本主義には行き詰《づ》まりがあって、もうこれから先がないのだ」と、人々が考え違《ちが》いをする可能性があります。

しかし、それが、一握《ひとにぎ》りの人たちによる「政策の運営の間違い」によって起きた経済的衰退であるならば、それを立て直すのもまた、一握りの人たち、わずかな数の指導者たちの考えによって、立て直すことができるのです。

「大きな政府」の下では、「自助努力の精神」が失われる

今、自民党と民主党という二大政党が目指している方向は、間違いなく「大きな政府」です。政府が何もかもに手を出して、産業や個人の保護をし、それらに口を出し、そして、補助金で言うことをきかせるような政治を展開していこうとしています。

その結果は、どうなるでしょうか。民力は必ず衰えるのです。もちろん、補助金を出し、ばらまく範囲《はんい》が広がれば、選挙には強いのですが、民《たみ》の力、国力は必ず落

ちていきます。

なぜかというと、それは、日本人全員を公務員化していこうとする流れと同じだからです。「大きな政府」というのは、言葉を換《か》えれば、「社会主義政府」ということです。社会主義の世界は、日本人全体が公務員である世界と同じなのです。

それは、「すべてに関して、国が丸抱《まるがか》えで物事を判断し、面倒《めんどう》を見る」という世界です。一見、親切で、善《よ》いことのようにも聞こえます。

しかし、よく考えてください。もう一つ、これとは正反対の考え方があるはずです。それは、「この世において、自助努力をし、智慧《ちえ》を絞《しぼ》り、汗《あせ》を流した人は、報われなければならない」という考え方です。「自助努力の精神」です。

この考え方の背景にある法則を、仏教的には「縁起《えんぎ》の理法」といいます。

正しい方向で努力しなくても、いくらでも援助《えんじょ》を引き出せる世界は、一見、善《よ》いように見えますが、これは、自分の体のなかに、麻薬《まやく》、麻酔《ますい》を打ち続けているのと同じです。

最初は心地よく感じられます。そして、痛みがなくなったように思います。自分が救われたように思います。

モルヒネやLSDなどを体内に摂取《せっしゅ》し続けてごらんなさい。最初は天国気分かもしれません。この世の憂《う》さを晴らすことができて、極楽かもしれません。一切《いっさい》のストレスから逃《のが》れられるように見えるかもしれません。

大きな政府による「ばらまき政策」は、それと同じなのです。

体のなかに有害な薬物を打ち込《こ》むと、個人の生きていく力、コツコツと努力・精《しょう》進《じん》する地味な力を失わせていきます。そして、この国の国力を高め、この国の倫理《りんり》、理想を高め、世界の人々を導こうとする、そういう高い志を持った人たちの心が、次々にむしばまれていく世界になるのです。

たとえ苦しくとも、その阻害《そがい》要因さえ取り除けば自立できる企業《きぎょう》はあるはずです。したがって、企業においても、大いに智慧を絞り、アイデアを絞り、発展・繁栄《はんえい》への道を歩んでいただきたいのです。

個人においても、その努力を阻害しているものさえ取り除けば、自助努力によって道を拓《ひら》いていけて、成功者が出てくるような世界をつくりたいのです。

そのようにしなければ、あなたがたには、この世に生まれた意味がありません。あなたがたが、この世に生まれて、生きたという実感、確かによく戦ったという実感、本当の意味における、人生の生きがい、喜びというものを、手にすることができないのです。

したがって、私は、幸福実現党に対して、単なる「ばらまき型」「補助金型」の政治でもって、人々の歓心《かんしん》を買い、選挙に勝つことのみを望んでいるわけではないのです。

「財政的に苦しいから増税が要る」という詭弁《きべん》に騙《だま》されるな

今、日本では、大部分の会社が赤字企業になっています。これを救わなければなりません。

今は景気の回復が第一です。やや持ち直しているようにも見えますが、これは一時的な現象であり、本格的な考え方に基づいて、きっちりとレールを敷《し》かなければ、もう一回、長期不況に入る可能性があるのです。

これは、自民党政権においても可能性がありますし、民主党政権においては非常に濃厚《のうこう》に起きてくる現象だと思います。

彼らの政策を見るかぎり、今度、どちらが政権を担ったとしても、例えば、消費税というものを取れば、税率が最大で二十五パーセントに向かっていくのは火を見るよりも明らかです。どちらの政党の政府においても、おそらく、そちらの方向に向かっていくと思います。

しかし、その理由の説明のなかには嘘《うそ》があるから、私は怒《おこ》っているのです。単に、「どんなに努力しても財政が黒字にならないから、消費税率を上げたい」と考えているだけではないのです。

国民から年金の積立金と称《しょう》して集めていたものを、現実には、国民が老後に年金として受け取る前に、政府の人たちが、「税金だ」と思って、かなりの部分を使っていました。そして、その穴埋《う》めをするために増税しようとしているのです。だから、「許せない」と言っているわけです。

その事実を、はっきりと国民の前で明らかにし、謝《あやま》るべきです。ところが、嘘に嘘を塗《ぬ》り重ねて、さらに、「どうしても財政的に苦しいから増税が要《い》るのです。増税の議論に乗ってこない政党は、責任ある政党とは言えません。増税の議論をしなければ、責任ある政治とは言えません」というような言い方をしています。こういう詭弁《きべん》に騙《だま》されてはなりません。

国として経済政策を間違ったなら、はっきりと反省しなさい。私は、そう思います。

「小さな政府」によって民間の活力を呼び戻《もど》せ

私が、今、立てている考え方は、「景気回復に全力を傾《かたむ》ける」ということです。

今、七割、八割、あるいは、それ以上の企業が赤字で苦しんでいます。倒産している会社は、年間、一万五千社を超《こ》えており、二万社に近い会社が倒産しています。そして、倒産が増えると同時に、自殺する人も増えています。毎年、三万人を遙《はる》かに超える人が自殺しています。この数は、このままでは、ますます増えていくいっぽうです。これをなくすためにも、やはり景気の回復は大事です。

したがって、政府は、国民に無理強《じ》いするのではなく、「小さな政府」を目指し、政府として必要最小限のところに税金の使《つか》い途《みち》を絞らなくてはなりません。

また、民間の力を抑《おさ》えているもの、民間の活動を規制し、抑えている法律や条例などがあったら、これを取り除いて、民間の活力を呼び戻すことが必要です。

そして、「大部分の会社を黒字に変え、彼らが法人税を払《はら》い、その会社に勤めている人たちの収入が増えるようにしていく」ということが、国力を増していく道なのです。

そういうことによって、景気を回復させ、黒字会社を増やし、赤字会社と黒字会社の比率を引っ繰《く》り返して、黒字会社を七割や八割、九割に増やしていくことが、今は大事です。

そうすれば、失業問題や、派遣《はけん》社員のクビ切りの問題など、いろいろな問題が解決されていきます。

そして、それから先には、この国を構造的に成長させるための長期ビジョンが必要です。「十年後、二十年後に向けて、これから、この国をどう持っていくか」という国家ビジョンが必要なのです。

私たちは、そのビジョンをつくり、それに則《のっと》って、この国を再び経済大国へと発展させていきます。世界一のGDP（国内総生産）を持つ国へと発展させていきます。

4　真実は絶対に死なない

国防問題と経済問題について述べましたが、今、大きくは、この二つについて、私たちは戦っています。

既成《きせい》の政党から見たら、非常に奇異《きい》に見える政策、不思議に見える政策を立てているように思えるでしょうが、私たちは、十年、二十年、三十年という長期的な目で見て、やるべきことをやろうとしているのです。

既成政党は目先のことしか考えていないでしょうが、幸福実現党は、遥《はる》かに先のことまで考えて活動しています。これでこそ本当の責任政党ではないでしょうか。

私は、そう思います。

「日本の国力を強くする。国益を大事にする」ということを言うと、すぐ、民族主義的な、右翼的《うよくてき》なものの考え方と混同されがちですが、私の考えは、そのようなところにはありません。

すでに何度も繰《く》り返し述べているように、全世界に希望の光を広めることが私の仕事なのです。

したがって、この幸福実現党、「The Happiness Realization Party（ザ・ハピネス・リアライゼーション・パーティ）」も、これから世界各国にできていきます。私たちは、今、日本で、そのモデルをつくるべく戦っています。この幸福実現党の成功モデルを日本でつくり、世界各国に広げていきたいのです。

そして、「二十一世紀における、あるべき国の姿」というものを、世界に知らせたいと考えています。世界の人々に、国としての、あるべき姿と正しいビジョン、夢の姿を、具体的にお見せしたいのです。

そのために、あなたがた一人ひとりに、世を照らす光となっていただきたいと思います。

宗教を信じることを、正しい信仰心《しんこうしん》を持つことを、決して恥《は》じることなく、「正しいものは正しい」と言い切れる、強いあなたがたであってください。お願いします。

正しいものは正しい！

真実は死なない！

真実は絶対に死なない！

それを信じて、戦い続けましょう。頑張《がんば》りましょう。

あとがき

「国難打破から未来創造へ」は、大きなテーマであり、この困難な使命に立ち向かっていくのは、身に余る光栄であると思う。

この国を、そして世界を、啓蒙《けいもう》していく運動には限りがない。非力《ひりき》を恥《は》じることなく、正々堂々《せいせいどうどう》と戦っていきたい。人々を救っていきたいという思いに、政治や宗教や経済の分類など何の関係もないのだ。

国師・大川隆法、何者をも怖《おそ》れることなく、「危機に立つ日本」を警告する。心ある者よ、真実の叫びというものは、実に実に強いものなのだ。真実は死なない。真実は絶対に死なない。

この世に希望というものがある限り、そして永遠なる真理が続く限り、勇者とは、ただ一人にても吼《ほ》え続けるものなのだ。

二〇一〇年三月　咲き始めた桜の中で

幸福実現党創立者《こうふくじつげんとうそうりつしゃ》　大川隆法《おおかわりゅうほう》

本書は左記の法話をとりまとめ、加筆したものです。

第1章　国難選挙と逆転思考

二〇〇九年九月十六日説法
東京都・総合本部にて

第2章　危機の中の経営

二〇〇九年九月二十四日説法
東京都・総合本部にて

第3章　危機に立つ日本

二〇〇九年十月二十一日説法
東京都・総合本部にて

第4章　日本沈没を防ぐために
（原題『新しい選択―2009街頭演説集①』セミナー）

二〇〇九年十一月四日説法
東京都・総合本部にて

第5章　世を照らす光となれ

二〇〇九年八月九日説法
神奈川県・パシフィコ横浜にて

『危機に立つ日本』大川隆法著作参考文献

『日本の繁栄は、絶対に揺るがない』（幸福の科学出版刊）
『知的青春のすすめ』（同右）
『経営入門』（同右）
『社長学入門』（同右）
『夢のある国へ――幸福維新』（同右）
『新しい選択』（幸福実現党刊）

危機《きき》に立《た》つ日本《にほん》 ――国難打破から未来創造へ――

2010年4月10日　初版第1刷

著　者　　大《おお》川《かわ》隆《りゅう》法《ほう》

発行所　幸福の科学出版株式会社

〒142-0041 東京都品川区戸越1丁目6番7号
TEL(03)6384-3777
http://www.irhpress.co.jp/

印刷・製本　株式会社 堀内印刷所

落丁・乱丁本はおとりかえいたします

ISBN978-4-86395-033-7 C0030

大川隆法ベストセラーズ・創造の新境地を拓く

創造の法

常識を破壊し、新時代を拓く

法シリーズ
第15作

◆人生の付加価値を高める方法とは
◆宮本武蔵に学ぶ「アイデアを得る条件」
◆新しい視点を得る「ヘソ曲がりのすすめ」
◆ひらめきには努力とリラックスが必要
◆今、日本がなすべきイノベーションとは

1,800円

第1章　創造的に生きよう —— 人生の付加価値を百倍にする方法
第2章　アイデアと仕事について —— 強い熱意と真剣勝負の気持ちを持て
第3章　クリエイティブに生きる —— 未来を拓く逆発想のすすめ
第4章　インスピレーションと自助努力 —— 創造性豊かな人材となるために
第5章　新文明の潮流は止まらない —— ゴールデン・エイジの創造に向けて

※表示価格は本体価格（税別）です。

一喝！吉田松陰の霊言

21世紀の志士たちへ

◆明治維新の原動力となった情熱、気迫、激誠の姿がここに

◆この国を沈めようとする現政権を一喝！

◆学ぶ心なき者に補助金など与えるなかれ

1,200円

第1章　指導者としての厳しさを知れ

リーダーを輩出するための心構え／幸福実現党はいかに戦うべきか
真剣勝負で戦い、大義を成就せよ　ほか

第2章　「一日一生」の思いで生きよ

国民の価値観を変えるために／吉田松陰の二十九年の人生が示すもの
国民に“辛口”の政策を直言せよ　ほか

※表示価格は本体価格（税別）です。

大川隆法ベストセラーズ・霊言シリーズ

松下幸之助 日本を叱る

天上界からの緊急メッセージ

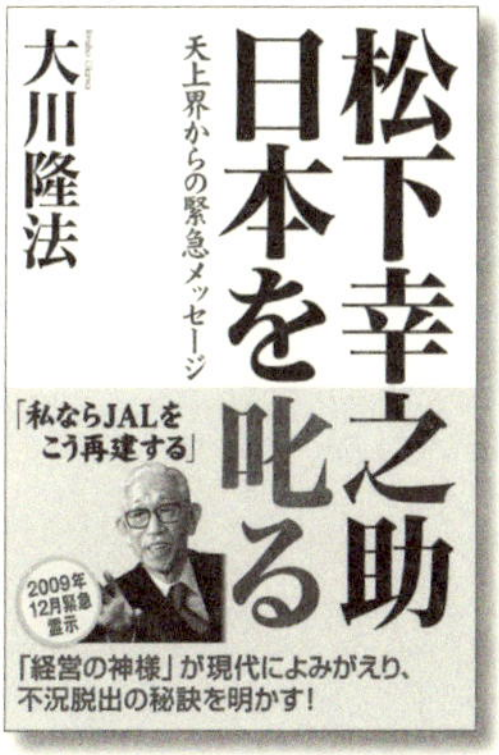

天上界の松下幸之助が語る「日本再生の秘策」。国難によって沈みゆく現代日本を、政治、経済、経営面から救う待望の書。

第1章 国家としての主座を守れ

日本を救うために必要な精神とは/今の日本の政治家に望むこと/景気対策の柱は何であるべきか　ほか

第2章 事業繁栄のための考え方

JALは、こうして再建する/未来に価値を生むものとは

天命や天職をどのように探せばよいか　ほか

1,300円

龍馬降臨

幸福実現党・応援団長 龍馬が語る「日本再生ビジョン」

坂本龍馬の180分ロングインタビュー(霊言)を公開で緊急収録!国難を救い、日本を再生させるための戦略を熱く語る!

第1章 日本を根本からつくり直せ

日本の政治とマスコミの現状/国難を打破する未来戦略

新しい産業を起こすための経済政策　ほか

第2章 幸福維新の志士よ、信念を持て

現代の海援隊とは何か/龍馬暗殺の真相

なぜ幸福実現党の応援団長をしているのか　ほか

1,300円

幸福の科学

あなたに幸福を、地球にユートピアを——
宗教法人「幸福の科学」は、
この世とあの世を貫く幸福を目指しています。

幸福の科学は、仏法真理《ぶっぽうしんり》に基づいて、まず自分自身が幸福になり、その幸福を、家庭に、地域に、国家に、そして世界に広げていくために創られた宗教です。

「愛とは与えるものである」「苦難・困難は魂を磨く砥石《といし》である」といった真理を知るだけでも、悩みや苦しみを解決する糸口がつかめ、幸福への一歩を踏み出すことができるでしょう。

この仏法真理を説かれている方が、大川隆法総裁です。かつてインドに釈尊《しゃくそん》として、ギリシャにヘルメスとして生まれ、人類を導かれてきた存在、主エル・カンターレが、現代の日本に下生《げしょう》され、救世の法を説かれているのです。

主を信じる人は、どなたでも幸福の科学に入会することができます。あなたも幸福の科学に集い、本当の幸福を見つけてみませんか。

幸福の科学の活動

●全国および海外各地の精舎《しょうじゃ》、支部・拠点などで、大川隆法総裁の御法話拝聴会、祈願や研修などを開催しています。

●精舎は、日常の喧騒《けんそう》を離れた「聖なる空間」です。心を深く見つめることで、疲れた心身をリフレッシュすることができます。

●支部・拠点は「心の広場」です。さまざまな世代や職業の方が集まり、心の交流を行いながら、仏法真理を学んでいます。

幸福の科学入会のご案内

◆精舎、支部・拠点・布教所にて、入会式にのぞみます。入会された方には、経典《きょうてん》「入会版『正心法語《しょうしんほうご》』」が授与されます。

◆仏弟子としてさらに信仰を深めたい方は、三帰誓願式《さんきせいがんしき》を受けることができます。三帰誓願式とは、仏・法・僧の三宝《さんぼう》への帰依《きえ》を誓う儀式です。

◆お申し込み方法等は、最寄りの精舎、支部・拠点・布教所、または左記までお問い合わせください。

幸福の科学サービスセンター
TEL 03-5793-1727
受付時間 火～金：一〇時～二〇時
土・日：一〇時～一八時

大川隆法総裁の法話が掲載された、幸福の科学の小冊子（毎月１回発行）

月刊「幸福の科学」
幸福の科学の
教えと活動がわかる
総合情報誌

「ザ・伝道」
涙と感動の
幸福体験談

「ヘルメス・エンゼルズ」
親子で読んで
いっしょに成長する
心の教育誌

「ヤング・ブッダ」
学生・青年向け
ほんとうの自分
探究マガジン

幸福の科学の精舎、支部・拠点に用意しております。詳細については下記の電話番号までお問い合わせください。

TEL 03-5793-1727

宗教法人 幸福の科学 ホームページ　http://www.kofuku-no-kagaku.or.jp/